我爱这座城 北京

丁思　可勒◎著

光明日报出版社

图书在版编目（ICP）数据

我爱这座城 : 北京 / 丁思, 可勒著. -- 北京 : 光明日报出版社, 2025. 5. -- ISBN 978-7-5194-8802-4

Ⅰ. K820.81

中国国家版本馆CIP数据核字第2025ME8556号

我爱这座城 ：北京

WO AI ZHEZUOCHENG ：BEIJING

著　　者：丁　思　　可　勒

责任编辑：郭玫君　　　　　　　　责任校对：房　蓉
装帧设计：谭　锴　　　　　　　　责任印制：曹　诤
书签插图：蒋　凡

出版发行：光明日报出版社
地　　址：北京市西城区永安路106号，100050
电　　话：010–63169890（咨询），010–63131930（邮购）
传　　真：010–63131930
网　　址：http://book.gmw.cn
E-mail：gmrbcbs@gmw.cn
法律顾问：北京市兰台律师事务所龚柳方律师

印　　刷：北京亿友数字印刷有限公司
装　　订：北京亿友数字印刷有限公司
本书如有破损、缺页、装订错误，请与本社联系调换

开　　本：145mm × 210mm
字　　数：200 千字　　　　　　　印　张：8.5
版　　次：2025年5月第1版　　　　印　次：2025年5月第1次印刷
书　　号：ISBN 978-7-5194-8802-4

定　　价：42.00元

目录

前言 因城结缘

这本书的问世，对我来说既意外又自然。

两年前，经吕导介绍，我与可勒相识。那时，我既是电影编剧，也在为《鉴片工场》做电影人专访。可勒偶然读到我写的一篇影人稿件，随后找到我，向我袒露了一个想法——他想出一本关于北京的书。

这个念头，在可勒心里默默酝酿了整整十五年。这期间，他曾尝试和其他作者合作，却一直没能成功。或许，真的是命运的巧妙安排，让我们得以相识。

2024 年 5 月，当可勒和我深入交流这本书的构想时，我脑海中闪过一个念头：这事儿多有意义，为什么不写一本书呢？就这样，我和可勒一拍即合。如今，这本书终于呈现在大家面前。我们满心欢喜，又感慨万千，因为它承载着许多值得铭记的人和事。

有人说，爱上一座城，很多时候是因为城中有牵挂的人。对我来说，这句话再贴切不过。

在北京这座城的舞台上，我结识了形形色色的朋友。他们来自不同的行业，有着不同的背景，却共同编织出了我们与这座城的故事。正是这些故事，让我对北京有了更深的理解与眷恋。

在书写这本书的过程中，我深入了解到了老北京人与旗人后裔的差异。他们有着各自独特的历史脉络与生活习惯，然而，对北京这座城市的自豪和眷恋，却深深扎根在他们心底。身为新北京人的我，每次看到他们兴高采烈地讲述家族传承的趣闻，那些代代相传的习俗，仿佛一幅幅生动的画面在我眼前徐徐展开，让人沉浸其中。

还有那些怀揣梦想的北漂朋友，他们如勇敢的追光者，带着憧憬与勇气来到这座城市。在喧嚣的都市中，他们拼搏奋斗，眼中闪烁着追梦的光芒。哪怕遭遇挫折，他们也毫不退缩。他们的故事里，写满了坚持与希望，也让我看到了这座城市的另一种魅力。

这些朋友，有的在古老的四合院里传承着传统技艺，将北京的文化瑰宝发扬光大；有的在灰色的写字楼里追逐着职业梦想，用汗水浇灌着成功之花；有的在艺术的舞台上绽放光彩，用歌唱与表演诠释着对生活的热爱。他们的每一段经历、每一次欢笑与泪水，都与这座城市紧密交织。我在他们的故事中穿梭，感受着他们的喜怒哀乐，也更加深刻地领悟到这座城市的包容与力量。

我曾无数次在这座城市的角落里徘徊，思考着生活的意义与方向。就像在迷宫中寻找出口，时而清晰，时而迷茫。年少时，我特别向往远方，渴望在更大的世界里闯荡；随着岁月的流转，我渐渐明白，我已在远方。这座城给我的每一份回忆与感动、每一份机遇与挑战，都已深深嵌入我的灵魂深处。而在这个过程中，我结识到的那些可爱的朋友，更是我最大的幸运。

在与朋友们共同度过的时光里，我记录下了一个个难忘的瞬间。那些每一次的促膝长谈，朋友们的梦想与困惑在话语间流淌，仿佛至今仍在耳边回响；那些在舞台上的用心演绎，每一个动作、每一句台词都饱含深情；那些在银幕上划过的熟悉名字，背后是无数个日夜的坚持与付出；那用尽一生守护宫廷文化的人，仿佛能让我们看见她在库房中细心整理每一件珍贵的器物，用心还原历史的每一个细节；那坚守传承每一道品质佳肴的人，仿佛能让我们感受到他在厨房里反复打磨的身影，每一道菜品都承载着对传统的敬畏与创新。

这些瞬间，就像一颗颗珍珠，串联成了我们与这座城的故事。

这座城市，不仅记录着我们的到来，也见证着我们的努力。它承载了我们的欢笑与泪水，见证了我们的成长与蜕变。正是这些点滴——朋友的陪伴、梦想的追逐、生活的起伏，汇聚成了这本书。它不仅仅是我对这座城的倾诉，更是我们与这座城共同书写的记忆。

当您翻开此书时，若能在字里行间感受到北京的独特之处，体会到人与人之间真挚的情感，以及这座城市给予我们的无尽的包容与力量。哪怕其中只有只言片语能触动您的心灵，那便是我们最大的欣慰。

城市是人的舞台，人是城市的风景。

丁思　可勒

2025 年 1 月 6 日于北京

随心而栖

本期主角

嘎嘎

毕业于清华大学美术学院
资深插画师、美术导演
曾任北京水晶石教育教学主管
曾出版过多本影视动画专业书籍

一

每次遇见嘎嘎，她总会给我一览无余的笑，和一个结结实实的拥抱。

我与嘎嘎在相仿的年纪都成为北漂一族。在北京这座城，我们在一所相同的大学彼此交错。总是她刚走，我恰好来，就像两条偶尔靠近却始终没能相交的平行线。

命运总是有神奇的安排，在刚刚好的时间，让我们这两个此前总是错过的人，最终相遇、交汇在一起。

嘎嘎绝对是我最为羡慕的那类人。她毕业于清华大学美术学院，还曾在深圳 IDMT 深造过。2000 年左右，IDMT 堪称国内 CG 动画行业培训的先锋，国内第一部原创三维动画电影便诞生于此。

和嘎嘎熟悉后，她的开朗把我的情绪值直接拉满。她把我在人际交往中的视听感受，带到了一种全新的境界。她的笑声极具感染力，以至于我直接给她取了个“Lady 嘎嘎”的名号。当时我满心好奇，世间怎会有这样的姑娘——总是笑得这般豪迈奔放。她的笑声仿佛有着神奇的魔力，既能驱散成人的深夜伤感，又能安抚小儿的哭闹夜啼。

2006 年的寒冬，与嘎嘎的初次相见，在北京西城区三里河的一栋隐秘的写字楼里。

楼下有个超市，门脸硕大。在超市入口旁，有个隐蔽的小电梯间，那是我们每天去办公室的必经之路。初来乍到的人常常找不着这个电梯间，但这对公司的名气毫无影响。

嘎嘎来面试那天，我在电梯外迎她。还好，她顺利找到了这个隐秘的空间，也感受了电梯一关一开后的冰火两重天，外面酷寒刺骨，屋里热力澎湃。那时，公司新的办公场地正在装修，我们是新部门，办公场地算暂时凑合的。办公环境虽说老旧，但胜在超级温暖，暖气供应特别充足，以至于进了门，脱掉羽绒服就像过夏天一样。

电梯门一开，嘎嘎身着一款过膝的深色羽绒服，一脸严肃，不知情的还以为她是来视察的领导。还好，她朝我微微一笑，让我放松了些，我便带她进了办公室。

嘎嘎一走进办公间，瞬间就被屋里的热气包围，热得她赶忙脱下羽绒服。当时大家心里都想着，来年春天就能搬到西三环的高档写字楼去了，所以即便眼下工位挨得极近，近到仿佛大家是在冬天抱团取暖，但想着未来的新环境，暂时的艰苦也就都咬牙忍下来了。

嘎嘎正式入职后，工位就在我旁边。从那时起，我们便成了铁瓷，一直到现在，这些年，我们相互见证了对方生命里的许多重要的成长时刻。

那狭小的电梯间，竟成了我们攀登国内一流公司的云梯，我们都铆足了劲，准备撸起袖子大干一场。很显然，嘎嘎那爽朗的笑声，让她看起来劲头仿佛更足了。

第二年春天，我们部门迁到了西三环北路，新办公地点在一栋形似黑色豆腐块的写字楼里。整栋大厦一共 11 层，我们公司占了整整三层。

往后的几年，公司发展势头迅猛，知名度一再飙升，业务不断拓展，人员也持续扩充。公司巅峰之时，西三环那栋黑色的写字楼里，容纳了三千多人。如今，那栋写字楼依旧静静地矗立在西三环边上，而我们却都陆续离开了那里。听说，公司前两年已经从西三环搬到了通州。不过，西城区三里河的办公场所倒是一直都在。

在那栋见证了公司辉煌与变迁的黑色写字楼里，嘎嘎度过了整整 6 年的时光，而我，已经在那里度过了 10 年。

二

初次与嘎嘎相逢，是在西城区三里河那个小小的电梯间。那时，于我们二人而言，北京都是全新的起点。这座城市温暖、热烈又包容，就像寒冷冬日里加班至深夜，街头飘着雪花，我们在路边买到刚出炉的烤红薯，热气腾腾的香甜瞬间驱散了周身的寒意，咬上一口，肚子里满是舒坦。不经意间抬头，瞧见路边报刊亭里一本顶流专业杂志的封面，正是我们公司的新作品，那一刻，心里涌起的自豪与满足，让精神也富足起来。

时光匆匆，多年过去，三里河那口烤红薯的香甜，我依旧记忆犹新。

对嘎嘎来说，北京曾经是老酸奶的味道。那种装在白白大瓷瓶里的老酸奶，轻轻一抿，酸甜滋味在舌尖散开，承载着她初来这座城市的难忘回忆。

嘎嘎七岁那年，第一次跟着家人来北京旅游，也第一次知晓世上有种叫酸奶的吃食。妈妈尝了一口，忍不住吐了出来，心里直犯嘀咕：这酸腐的味道，怎么还能拿出来卖呢？可嘎嘎却觉得，这味道简直是人间美味。于是，那天嘎嘎一个人就喝了两瓶老北京酸奶。仿佛只需一口，就让她记住了老北京的味道。

嘎嘎向来善于思考，后来她琢磨着，那口酸奶让她第一次意识到，孩子对一些事物没有先入为主的认知，在接受新事物这一点，孩子远比成年人更开放。

那段记忆使得她多年以后，无论到北京的哪个景点，都一定要买上一瓶老酸奶，只有这样，才觉得此行得以圆满。

在七岁的嘎嘎眼中，北京是逛完天安门后，能一边惬意地吸溜着地道的老酸奶，一边在长安街上慢悠悠地溜达，看看街边的红墙绿瓦，听听头顶群鸽飞过的呼哨声。

儿时那样宁静又悠闲的时光，长大以后往往难以再遇。

长大后的嘎嘎，高中时选了美术专业，联考前要来北京做考前培训，那是她第二次来北京。这一次没有妈妈相陪，虽说只有短短四个月，却是她人生中第一段独立生活的经历。

和众多从外地赶来北京培训的学子一样，嘎嘎在离学校不太远的地下室小旅馆租了一张床位。每天，她背着画夹，步行穿过几个街区，往返于地下室和学校之间。她不敢去坐公交——她不知道该坐几路车，需不需要换乘，生怕坐错了，所以索性记住路线，用脚步丈量这段路程。

在过去很长一段时间里，北京的地下室算是一道别样的风景。有时，从一个看似不起眼的地下室入口进去，结果发现，里面是如同西直门桥般复杂的迷宫，让人晕头转向，总是很难找到出口。

大二时，我曾来北京旅游，在一个地下室小旅馆里住过一晚。前台说，房间里长期住着一个艺术考生。

推开房门，我被惊艳到了。小姑娘把这里布置得温馨极了，桌上铺着碎花桌布，厚厚的一摞书和画材摆在上面。暖黄色的床品，让屋子充满少女气息。那晚，小姑娘没有回来。也就是在那时，我才第一次知晓，艺考前要去外地培训这回事，也明白了为什么学艺术那么费钱了。

后来，我常常会想，当年在地下室的小旅馆，看到的那张铺着碎花桌布的桌子，那堆厚厚的书，是不是和嘎嘎的一样呢。她们都是为了考大学，独自在外拼搏的小姑娘。要是跟老家的家人说起，还得住在地下室，听起来确实挺让人心疼的。

但不管是那时还是现在，北京都是一座需要你用行动去追逐梦想的城市。在这里的少男少女们，不会因为生活条件简陋，就减少为目标奋斗的热情。

三

刚来北京的那几年，我特别喜欢逛宜家。那时北京只有一家宜家家居，离中央美院很近。有一次，在宜家餐厅用餐高峰时段，我看到餐厅角落里有好几个像是高中生的孩子在画速写。我一下就反应过来，附近就是美院，马上要艺考了，能考上中央美院可太厉害了，那可是国内一流的美院。

高考填报志愿时，嘎嘎填报的是中央工艺美术学院，这可是国内艺术类的顶尖学府，在美术生心中地位极高。

所有美术生都清楚，中央美院和中央工艺美院是无数美术生梦寐以求的殿堂。前者侧重于纯美术方向，后者则偏向实用美术方向。

然而，当嘎嘎拿到录取通知书的时候，上面写的却是清华大学。那一年，清华大学正式将中央工艺美院并入，使其成为清华大学美术学院。这在当时可是个轰动的消息，社会上也出现了各种不同的声音。有人认为美术生这次捡了大便宜——居然无意间迈入了清华的门槛。

毕竟全国人民都知道清华大学，而中央工艺美院却只有业内人士才熟知。顶尖艺术院校的录取标准，比普通高校严苛得多，有些不懂行的家长可能觉得艺考是一条捷径，可实际上这条路更难走，竞争也更加激烈，而且天赋对于艺术生来说至关重要。

对于美术生而言，他们原本就是冲着顶尖学府中央工艺美院去的，清华的名号对他们来说没有太多实际意义。所以，当嘎嘎拿到录取通知书时，内心也没有掀起太大波澜。不过，一想到即将在北京展开全新的学业生活，她的心中还是充满了期待。

嘎嘎从小就是个乖巧听话的孩子，向来都是老师和家长说什么，她就做什么，大学生活也不例外，她过得平淡安稳，没有什么大的起伏。

大学第一年，嘎嘎是在清华园度过的。因为是第一年合并，学校的各项设备还不够完善。大一新生的基础课、大课都在清华园统一进行，就连专业课，学校也只能腾出清华附中的部分教室供美术生使用。

清华园大得像一座小城市，不出校门，一切生活所需都能得到满足。可也正是因为校园太大，学生们几乎人手一辆自行车，不管是买东西、去食堂，还是去上课，都得骑车前往。

嘎嘎把唐山老家的自行车运来了，那是她高中时用的，当时父母给买的时候，也是她自己挑选的，很有感情。此后，这个来自唐山的姑娘，就骑着这辆承载着满满回忆的自行车，穿梭于清华园中。车轮飞转，一路前行，她和她的梦想都在清华园里轻快地穿梭。阳光洒在身上，微风拂过脸颊，这样简单纯粹的日子，让她的内心满是轻松与快乐。

一年之后，一件令美术生们兴奋的事儿发生了，大二时，嘎嘎和同学们要搬回本部，也就是原中央工艺美院的旧址，那可是他们曾经心心念念的圣地。

学校统一安排了搬家车辆，大家的大包小裹都被搬上了卡车。但是自行车没法装车带走，许多学生都把自行车丢弃了。但嘎嘎舍不得呀，这辆车从高中就陪着她，像个老朋友一样。那白衣飘飘的年代，很多时光可都是在这辆自行车上度过的。

当搬家的卡车开走之后，嘎嘎一拍大腿，骑上她心爱的自行车，从清华东门出去，一路骑到了三环上。

在没有电子地图导航的年代，嘎嘎不敢走小路，因为怕迷路，只能沿着三环骑行。

她心里特别兴奋，那真是，她就差在车上高唱："骑上我心爱的自行车，永远都不会堵车。"三个小时过去，她热得不行，也累得够呛。

在那个知了声声的夏天，一个勇敢的姑娘骑行了半天，从海淀到朝阳，从北四环到东三环，二十多公里的路程。烈日下，嘎嘎汗流浃背，终于抵达了她最初的梦想之地。

嘎嘎回忆说："现在想想这事儿，都觉得浑身冒油。"当时看到她的人估计都在想："哟呵，这姑娘衣服都湿透了，也没下雨呀。"但是，这个姑娘的内心早就波涛汹涌了，那种达到目标后的兴奋与激动，让她至今都难以忘怀。

四

那时，中央工艺美院位于繁华的商业区。四周高楼耸立，高档商圈随处可见。

我记得第三次来北京时，路过国贸，表姐望着那些高楼，满是羡慕地对我说：“能在这儿工作，那可是身份的象征。”

和每个年轻学子一样，嘎嘎每每抬头看向耸入云端的写字楼，心里满是羡慕。但收回高昂的头，却看不清自己未来的路。

那时，国贸地下一层有着迷宫一样的商业区，别有洞天。那里曾有一家华润超市，给了嘎嘎很多慰藉。每次嘎嘎还没走进超市，过道里就已经飘来刚出炉的烤面包的香味。那扑鼻的香气，能让她忘掉所有烦恼，不管是作业、论文，还是实习、未来计划，都被香甜的面包气味暂时掩盖。

在国贸地下一层，她还看到过一个标价两万元的翡翠镯子。在柜台灯光的映照下，镯子翠绿欲滴，色泽鲜亮，至今都让嘎嘎印象深刻。现在她还调侃：“那个时候，两万块真是天价。如果当时就买了那镯子，现在升值卖了，是不是就能指着镯子撑好几年了？”

能不能靠这个镯子撑好几年，我不清楚，但我知道，这是穷学生常做的美梦之一。

梦醒之后，2003 年，嘎嘎大学毕业，她离开了学校，也告别了那个卖两万块翡翠镯子的高档商圈。

第二年，我走进了那所学校，在那里成为一名培训教师。能走进那个令人敬仰的校门，我也很兴奋。

后来，我笑着跟嘎嘎说：“我们都在工美食堂门口的老玉兰树下走过。那棵树高大又古老，开花时散发异香。有人说，这棵树存在了许多年，都已经成精，都有灵魂了。”

2004 年夏天，我在学院里看了最后一次毕业展。听说，那是在这里的最后一次展出。

第二年，学校的学生就都要搬到清华园了。

多年过去，我一直记得那棵硕大的玉兰树。它承载着这所学校的成长与变迁，见证了无数学子的梦想和希望，就像嘎嘎这样的姑娘，带着她的希望转移阵地，在北京继续圆满她的梦想。

嘎嘎在大学里学的是陶瓷艺术，这是中央工艺美院建院以来的五大专业之一。上学的时候，嘎嘎有生以来第一次感受到，自己与大自然在精神层面的联结。她发现，要是内心不平静，手里做的器型就会出问题。只有将自己和泥团融为一体，甚至屏住呼吸，器具才能慢慢变成图纸上的模样。那种精神层面的幸福感，在艺术生心里崇高无比，可在外人眼里，或许觉得难以理解。

嘎嘎所学的专业文化底蕴深厚，可就业面却很窄。毕业时，像嘎嘎这样的学生有几条路可走：要么出国深造，要么进陶瓷制作厂区，要么自己创业。但嘎嘎哪条路都不情愿。她没想过留学，觉得进工业瓷厂和自己所学的艺术性差得太远，创业更是不知从何下手。

大学四年，嘎嘎没有清晰的规划，也没想过去求助师长。所幸，她彻底和所学专业拉开距离，选择了画画。

嘎嘎有时会感慨，自己从小就是个听话的好学生，成绩优秀但有点一根筋。一直按照家长和老师的安排，每天按部就班地学习，大学里拿了三年奖学金。就是因为太过听话，也导致她很少主动去做计划。

她说，自己挺遗憾的，即便在清华大学这样的环境里，由于自己不会规划，没能好好利用这么好的资源。

可以说，即便到了现在，很多学生都不明白学习的意义，不清楚未来的方向，也不知道脱离父母与老师后该如何抉择。但也正是这些懵懂无知，构成了青春的特质。

五

很多人都是在即将大学毕业或者毕业之后，才真正懂事，真正明白自己想要做什么。我是这样，嘎嘎也是如此。

那时候的嘎嘎，是个初入社会的“小社畜”。刚毕业时，她在北五环租了个小屋，找了份给儿童出版物绘制插图的工作。每周她只需出门一次，去出版社开会，其余时间都在家办公，不是接稿、画图、交活，就是发呆。

除了每天的工作，嘎嘎一周也就出门一次采买生活用品，几乎过着零社交、与世隔绝的生活。为了省钱，她每天中午只做一个菜，晚上再用中午剩的菜汤拌米饭吃。

这样简单、清苦却又充满吸引力的生活，我特别能感同身受。2001 年夏天，我成了一名北漂。刚到北京的当天下午，我就在西三环首师大附近的胡同里，租了一间小平房。每天过着两点一线的生活，每顿饭都是随便买点现成的对付。

有一天我发烧了，特别想喝粥，却发现这么简单的一碗粥，对我来说都成了奢望。我租的只是个房间，做饭要用房东放在院子里的蜂窝煤炉，我既没有锅，也不会用炉子。最后，还是房东给我做了一碗粥端过来的。

对于还年轻的异乡人来说，那时的北京既是磨砺，也成了一辈子的印记。尽管日子过得辛苦，可从没想过打退堂鼓。许许多多来北京打拼的人，都有过这般感受。总有那么一段时间，虽然物质条件匮乏，但精神世界却无比富足。

嘎嘎过着这样的社畜生活，持续了将近半年。这种自由职业，在近几年十分流行，可在二十年前却不多见。长期远离人群，对于刚走出校门、本就处于迷茫期的年轻人来说，难免会更加怀疑人生。

我想，嘎嘎到现在总爱复盘的习惯，或许就是在那个出租屋里养成的。在北五环那个完全独立的小小空间里，她不断自我反思、挣扎。她知道她应该做出改变，却总是缺了那么一点明确的动力。

就在冬季的某一天，那个动力就这么毫无征兆地出现了。

难得有一天，嘎嘎出门买菜。回家的路上，远远地，她瞧见前方一辆收废品的板车负重前行。车上堆满了各种废品，高高摞起，摇摇欲坠。

骑车的是个五六十岁的男人，岁月在他脸上刻下了深深的皱纹，皮肤被晒得黝黑。板车要经过一处坑洼，男人费了好大劲，一次次尝试，却始终都没成功。

嘎嘎老远就注意到了这一幕。她默默地走到车后，当男人再次发力的时候，她用力帮着推了一把。那辆车借着这股力，顺利地过去了。骑车的男人回头看了一眼，但许久不和人接触、习惯躲避与人接触的嘎嘎，赶紧扭头装作没看见，低下头，继续默默走自己的路。

回到家后，嘎嘎又开启了她的复盘模式。

她觉得，自己的生活一直不太正常。她看着那辆板车，仿佛看到了自己，那个一直困在原地的自己。嘎嘎心里明白，她需要有人推自己一把，就像她刚刚推了别人一样。

嘎嘎下定决心，她要走出去，走进人群，融入团队。她知道，一个人的生活，就像孤独的星球，虽然自由，却也寂寞。人终究是群居的动物，需要融入一个环境，需要与他人交流，需要在团队中找到自己的位置。

在回来的路上，嘎嘎一直在琢磨。她想，如果一直这样下去，一个人，一颗心，一条路，那对自己来说，是多么不利。无论是心情，还是思想，甚至是生活中遇到的那些事儿，都需要有人来推一把，就像那辆过不去的车，需要她帮着推一把。

六

于是，嘎嘎立刻又找了份真正早九晚五的工作。这份工作涉及的内容比较复杂，从工艺品的造型设计、造型结构，到最终的效果呈现，嘎嘎在其中得到了许多锻炼，这也成了她后来工作转变的契机。

当时，嘎嘎的主要工具是 PS，那是主流的平面设计软件。后来她心想，既然现在有三维软件了，为什么还要用二维软件来模拟？有了这个想法之后，嘎嘎开始关注三维动画。

20 年前，三维动画是很前沿、极具挑战又前景广阔的高精尖行业。那时，西单图书大厦里关于三维的书寥寥无几，少得可怜。嘎嘎买了一本开始自学，在虚拟的三维空间里搭建立体的东西，呈现真实世界的效果，这让她兴趣盎然。

兴趣果真是最好的老师，在北五环的那个小出租屋里，嘎嘎做出一个正确的选择。既然要学一样新东西，那就索性系统地学。经朋友介绍，嘎嘎去了当年影视动画培训界堪称“黄埔军校”的 IDMT，地点在深圳，学制近一年。

那一年，嘎嘎收拾行囊，离开了北京。

自此，嘎嘎踏入了一个全新的、充满朝气的行业，这一干，就是十年。课程结束后，成绩优异的她被推荐到珠海一家新成立的香港动画公司。

在南方的两年，嘎嘎始终清楚，自己还是要回北京的。在珠海一家蒸蒸日上的公司里，她参与了很多大项目，凭着自己的本事在这座美丽的海滨城市站稳了脚跟。

可就在这时，嘎嘎第一次觉得，在这里，自己没有归属感。

嘎嘎喜欢美食，可即便守着闻名世界的海鲜，她还是开始想念北方的家了。那是她第一次想家，她想念那瓶白白胖胖的老酸奶，想念那份热气腾腾的驴肉火烧，想念北京地铁里永不停歇的脚步，想念北京滴哥热情的一声招呼。

珠海的冬天，路边依旧绿色盎然。快过年的时候，临街的店铺会不停地循环播放歌曲《恭喜发财》，巨大声的那种，非常喜庆。但是，嘎嘎还是怀念北京和唐山光秃秃的树干，灰突突的街道。北京的临街店铺不会总放《恭喜发财》，但是那里会有鸽哨声环绕天空。身处南方潮湿的环境，嘎嘎想念北方的干燥，她，想家了。

但是春运，票太难买。

不论是乘坐飞机还是火车，都得到广州换乘。春运时期，不论是火车票还是飞机票，都像是稀世珍宝。嘎嘎心里想着："过年就是要回家的，可是怎么连回家的路都这么难找呢？难道只为了回家过年，竟然也要经历这么多磨难？"这么一想，她越发觉得，离家这么远真的不行。后来嘎嘎说："我是巨蟹座嘛，骨子里还是很恋家的。"

在潮湿的海水气味里，脚踩白沙的嘎嘎，生平第一次觉得，自己没有根，心里特别不踏实。于是，离开两年后，嘎嘎还是回到了她视之为家的北京。

生命向来就充满了难以言喻的巧合。嘎嘎回到北京后的第一份工作，是在西五环的一所大学。巧的是，这正是她未来老公的母校。当然，她和老公相识是几年之后的事了。而现在，我的家就在那所大学的大院里，不得不说，这世界真小。

我们在不同的时间，于同一个地点演绎着各自的故事。原本，我们的生命轨迹仿若两条平行线，毫无交集。直到有一天，线与线终于交汇，我们的故事也开始交织在一起。

七

刚认识嘎嘎时，我就发现她做事随心，从不强求后果。后来我才知道，这与她在深圳学习时的一个小意外有关。

在深圳学习的时候，地址是在一所大学里。那边天气特别热，有时候感觉整个人像被放在蒸笼里一样。嘎嘎上课的教室属于学校的边界地带，旁边有很多高层的居民楼。和北方截然不同，深圳的高楼大厦上，几乎每一层都有外置的花盆架，家家户户都有养殖绿植鲜花的习惯，这给单调的城市添了一抹亮色。

深圳天气闷起来，能憋死人。有时嘎嘎在电脑前坐累了，课间休息时就出去透透气。有一回，她躲到教室走廊一个特别隐蔽的拐角。那地方半开放式，一边是教室，另一边直接连着楼下的操场。

嘎嘎正在美滋滋地放空呢，突然，“咣”的一声响了——就是皮球砸墙的那种声音。还没等她反应过来，一个东西“嗖”的一下，正正好好地砸在了她的脑袋上。

刹那间，嘎嘎就被砸蒙了。

疼吗？有点疼，但更多的是惊吓！

嘎嘎满脑子问号：“这啥东西啊？我就想在这乘个凉，什么也没干，怎么就遭此横祸？到底是什么力量，让这球不偏不倚砸我头上了?！”

原来是个篮球，先是砸到墙上，又反弹到嘎嘎脑袋上，好在已经减弱了一部分力量。

这次意外就像一道闪电，劈开了嘎嘎原本按部就班的思维世界。自那以后，她开启了深度“思考人生”模式。她渐渐意识到，生活就像一场无法预知的冒险，充满了各种突如其来的意外，就像这个从天而降的篮球，你永远不知道下一秒会发生什么。既然如此，过度纠结和强求每件事的结果，不仅累人，还可能错过沿途的风景。

从那儿以后，嘎嘎便越发喜欢思考，在日常的点滴中，都能引发她对生活、对世界的独特见解。而做事也变得更加随心，不再被世俗的标准和他人的眼光束缚，只是遵循内心的声音，去拥抱生活中的每一个意外与惊喜。

自从认识嘎嘎起，我就觉得她身上透着一股神秘劲儿，甚至带点“迷信”色彩。那次意外之后，嘎嘎深刻意识到人的渺小。她明白，生活里太多事不受自己掌控，就连命运也是如此。有些外在力量强大到超乎想象，根本不在计划之中，提前规划也躲不掉。

她跟我讲这件事的时候，我忍不住感叹：“还好砸你的是个有弹性的篮球，要是铅球，那可就惨了！呸呸呸，这话可不能乱说。”

我家老人就下楼溜达一圈，脑袋就被二楼空调架子上掉下来的钉子砸出个大口子，去医院缝了六针。

嘎嘎也是心有余悸：“当时，要是楼上花盆掉下来呢？我这条小命说不定就交待在这儿了。我一个北方人，大老远坐火车来这儿，要是被这种意外终结了人生，那我的人生算什么？又该怎么定义呢？”这话听得我脊背发凉，都不敢往下想了。

很多时候，我都觉得嘎嘎想得太多，脑袋里的弯弯绕绕，要是换成是我，早就死机了。可神奇的是，她虽然爱思考，每次做重大决定却无比干脆，一点儿都不犹豫。

回想起那个从天而降的篮球，嘎嘎觉得那是一次成长。她说：“生活里有太多不可控因素，我们能做的，就是在自己能掌控的范围内做到最好。就像我为一件事拼尽全力，不管结果如何，我都能坦然接受。结果好，我会开开心心享受；结果不好，我也能释怀，因为我已经尽力了。没达到预期，是不可控因素导致的，超出我的能力范围，所以没什么好遗憾的。”

每次听嘎嘎说这些，我都觉得她特别通透。她总能把生活里的感悟，用最直白却很深刻的话讲出来。

八

上学那阵，嘎嘎内向得很。那时的她，不擅表达自己，也没什么表达的欲望，只盼着自己能当个小透明，尽量不被人注意，觉得这样才有安全感。如此，便能减少可能因为出丑而被人挑毛病、看笑话的机会。

可大学毕业后，经历了几次触动心灵的事，促使她对人生进行审视与思索。在经过一个篮球引发的生命思考之后，她萌生出主动改变的念头。

她决定，先从主动与人交流，打破自身长久以来的沉默开始。这对曾经内省的她而言，绝对是个巨大的挑战。后来的事实证明，她做得超棒！起码在我这儿，给了她“Lady 嘎嘎”这个名号，就足以证明她的改变有多大。

多少年了，我和周围的同事，都信了嘎嘎天生就是外向、活泼又幽默的性子，不得不佩服她这出色的“表演”。谁能想到她曾经是个恨不得把自己藏起来的小透明呢？仔细想想，她的转变可不只是性格上的改变，更是对自我的一种突破，是勇敢地挣脱过去的束缚，去拥抱全新生活的过程。

和嘎嘎做同事的那些年，我俩的工位几乎一直紧挨着。刚搬到西三环的写字楼时，我们组的办公室大得很，能容纳六十多个舒服又宽敞的工位。那么多人里，只有嘎嘎最特别，每次进门都自带调节气氛的 BGM。很多时候，别的女同事进来，顶多就是一阵高跟鞋的清脆声响，而嘎嘎不一样，她是高跟鞋声伴着爽朗的笑声一块儿传来。就算你当天情绪有些低落，听到她的笑声，也忍不住被感染，阴霾瞬间消散。

圆脸、圆眼睛，都安放在一颗圆圆的脑袋上，牙齿整齐又洁白。嘎嘎每次笑起来，那一排门牙都透着真诚，圆圆的脸蛋儿笑起来更是分外喜庆，看着就让人心情舒畅。

喜庆的嘎嘎，后来在公司年会上火了。那年年会，各部门都忙着准备节目，我们部门准备了一出喜剧小品《红楼梦》。没想到，嘎嘎成了大家一致推选的女主——林妹妹的扮演者，不过，是唐山版的林妹妹。

演出那天，我特地在3000人的会场里，从中间跑到了最前排，厚着脸皮混在优秀员工的席位上——就为了近距离观赏嘎嘎的表演。

她果然没有辜负我，她的表演让我笑得肚子疼。

感谢嘎嘎，让我笑了一整年。也让我看到了她身上无限的可能性，生活总是充满惊喜，就像嘎嘎总能给我们带来意想不到的欢乐一样。

有段时间，受电影《花样年华》的影响，旗袍风刮了好几年，大街小巷都能看到旗袍的身影。夏天的时候，嘎嘎也穿过几条雅致的旗袍。她的腰肢纤细，穿上旗袍，只要她不大笑，还真有几分大家闺秀的温婉气质。可她一旦咧嘴嘎嘎笑起来，那股子豪迈劲儿就藏不住了，瞬间就成了大家闺秀身边机灵的贴身丫头。

有一回，她穿了件特别优雅的白色旗袍，我和她一起坐公交。我俩并肩站着，对面坐着两位打扮不俗的北京大妈。一看到嘎嘎的这身旗袍，大妈们眼睛都亮了，夸她穿得好看，那股热情劲儿，就差拉着嘎嘎去相亲了。聊天间，大妈还回忆起自己年轻时细腰如柳的模样。

嘎嘎听得开心，又咧开了嘴笑了，那一排整齐的大白牙，在透过车窗的阳光下闪烁着，散发着别样的光彩，整个人洋溢着藏不住的喜悦。

九

很长一段时间，我都觉得嘎嘎像个小太阳，浑身散发着温暖和活力。每次见面打招呼，她都会扑过来抱我一下，脸上挂着灿烂的笑，露出一口大白牙，笑声爽朗，中气十足。我觉得，只要有她在，就永远热热闹闹。

可谁能想到，我是被她的表象给“骗”了。

2010 年世博会正热闹的时候，公司安排我们去上海分部开会。北京教研部一百多号人组团杀到了上海。折腾了两天的会议之后，大部队先撤回，只留下我和嘎嘎继续逗留两天，完成最后的任务再返回北京。于是，就有了我发现嘎嘎真面目的机会。

上海的一家商务酒店里，我们俩住一个房间。我本来还想着，以嘎嘎那活泼性子，晚上肯定得闹腾个不停，结果她安静得让人意外。

之前我还打趣问她：“你这么活泼，这基因到底随了你爸还是你妈啊？”她笑着回我：“他俩都不太爱说话，我估计是小时候憋太久，现在爆发了。”当时这就当是个乐子，笑一笑就过去了。

可在上海单独相处的两天，我才发现，也许她骨子里遗传的就是父母的安静。她跟我讲起以前的事儿，在北京住的小出租屋，在深圳阳台乘凉的那个下午，还有那个突然砸下来的篮球。她还坦言，那些笑容、外向都是装出来的，因为原本的自己太沉闷了。

慢慢地，我察觉到，她确实不像平日里表现得那么爱热闹。不过仔细想想，伪装对她来说也是一种保护，帮她打破了不少社交壁垒。那时候，工作性质决定了每天都要和形形色色的人打交道，她得先让别人觉得舒服，自己做事才会顺利。也正因如此，后来她当上主管，面对组里组外各种有个性的人，都能游刃有余。这么看来，有时候伪装也并非坏事，它是一种适应环境的生存策略。

但随着时间流逝，我们都在生活里慢慢成熟起来。生活让我们明白，一辈子真正在乎的人和事没多少，关注自己才是重中之重。现在的嘎嘎活得特别随性，那层伪装的面具早就被扔到一边了。不过因为戴了太久面具，也养成了一个习惯，只对熟悉又认可的人，才会毫无保留地咯咯笑。所以对我来说，她一直都是那个热情满满的嘎嘎。

这一路走来，她的变化让我感慨，人总是在成长中不断寻找真正的自己，而那些曾经的伪装，也成了成长路上独特的印记。

刚毕业那会儿，嘎嘎独自在北五环的出租屋里居家办公，心里空落落的，毫无安全感，一心就想着逃离这个让她不安的环境。谁能想到，时光这把神奇的刻刀，改变了太多事情。

在我们读大学的时候，我们入职的这家公司就已经全国闻名，在业内一直是响当当的存在。我和嘎嘎都是在公司开拓影视动画培训新部门时加入的。往后的七八年，公司一路飙升至巅峰，在这段时间里，我们也得到了很好的职业磨炼，收获满满，的确都很有满足感。

在青春正好的年纪，能和公司一起成长，这种经历千金不换。公司带给我们的，不仅是职业上的成就，还有对公司的尊敬、对团队的归属感，最重要的是，在这个团队里收获的珍贵情谊，让我们一生都受益匪浅，心里满是感恩。

后来，由于各种原因，公司慢慢走了下坡路，大家陆陆续续选择了离开。有人走得恋恋不舍，有人走得怀揣愤怒，有人满心悲伤，有人心有不甘。但不管怎样，在西三环写字楼里，那些一起拼搏的日日夜夜，永远刻在了我们心里，谁也抹不掉。

在公司还没那么糟糕的时候，嘎嘎就果断离开了，当时她这个举动把我震了一下。

十

那时候，嘎嘎负责原画专业，组里的原画老师个个身怀绝技，绘画风格各有千秋，有几位在业内更是声名大噪。在原画组的那段时光，对嘎嘎影响深远。她之前做了多年的三维工作，早就放下画笔了，可每天看着组里的同事挥动画笔，她心里那股画画的劲儿又被勾起来了，手痒得不行。而且游戏原画设定又是一个全新的领域，充满了未知和挑战。

那时，她刚升级做了妈妈，有了一个继承她安静基因的帅气儿子。新身份带来新责任，她得好好琢磨怎么经营亲子关系，重新规划事业和家庭的重心。

思来想去，权衡再三，她咬咬牙，果断递上了辞职信，重新拿起画笔。这一决定看似突然，实则是她对生活、对自我的深度思考后做出的勇敢选择，人生不就是这样，不断在变化中寻找最适合自己的方向嘛。

嘎嘎刚离职的那两年，一直是我的励志榜样。每次同事问起，我都忍不住说："嘎嘎一边带娃一边画画，实在是太励志了！来，给你看她最近的画。"每次，别人看到她的画，都会发出一个感叹词——"哇！"每每这时，我也特别骄傲，就好像那画是我画的一样。

之后的几年里，嘎嘎的职业转型非常成功。她做了几年游戏原画师之后，又做回动画行业。现在是一家上海动画公司的美术导演，而且只需要居家办公。你瞧，她又回到了原点，回到最开始居家办公的模式，重新回到线上沟通、接单、交付的自由生活。现在这个职业可是非常流行，她再也不会嚷嚷着自己要走出去了。成熟的嘎嘎，更适应并且享受如今的生活。

只是，当她离职的时候，她也搬离了北京，现在家住燕郊。燕郊因其大量的跨省上班族，被一度戏称为"睡城"。每天往返燕郊和北京的人多得数不清，具体数字虽然不清楚，但那壮观的通勤场面，想想都觉得震撼。

刚出月子那会儿，嘎嘎因为实在太想孩子，有过一段周一到周四在北京，周五到周日回燕郊的日子。但每天单程就要花费两个半小时，这通勤时间可太折磨人了。有一回碰上大雾霾，高速路堵车堵得水泄不通，嘎嘎到公司的时候都十一点了，整个人疲惫不堪。

在北京，每天通勤时间长、在公交地铁上被挤得不成人形，已经成了上班族的常态。嘎嘎离职后，终于摆脱了这种消耗，她可开心了。只是现在我们想见一面，得跨越整个北京城，说实话，我很不开心。

当然，这只是开玩笑。看到她现在过得这么从容自在，我是打心底里为她高兴。因为她的安好，也激励着我在自己的生活里好好前行。

嘎嘎说："现在每次进京，必须喝一罐路边的老酸奶，必须在长安街走两步，必须吃一顿大鸭梨烤鸭，必须坐在路边看一看夕阳，这时候我会觉得，我还在这里，从没有离开过。"

如今走在北京的大街上，嘎嘎会坦然地看着行色匆匆的人群。她知道，每个人的肩上都担负着各自的理想、家庭，还有爱。曾经，她也是其中的一员，即便现在离开了北京，那份情感依旧割舍不下。

"北京，有我的朋友，有我的过往，也将继续滋养我的未来。"在燕郊的家中，嘎嘎拿着手机，笑着和我说。

我知道，电话那头的她，肯定又像以前一样，咧着嘴，露出一口大白牙。

来自嘎嘎的留言：

北京，长安街凌晨依然斑斓的霓虹灯，我还记得。而那棵老核桃树下，陶碗瓷瓶的叮当声，你还记得吗？

城事心曲

本期主角

侯莹珏（曾用名侯角）

中国内地女演员、导演、编剧、制片人、戏剧表演艺术家、古籍善本中国形象大使。第十届戛纳女性故事电影节最佳亚洲女演员获奖者。

一

莹莹不止一次地跟我讲："我脑海里老是浮现出这样一个画面，现在的我牵着七岁的我，缓缓地前行。"

于是，我的脑海中也浮现出了这般场景。

42 岁的莹莹牵着 7 岁时的自己，悠然漫步在老崇文区那熙熙攘攘的街道上。身后，是一片喧闹且繁华的市井烟火。路过熟悉的崇文门菜市场，阵阵蔬果的泥土芬芳扑面而来，还夹杂着清新的香甜，轻柔地拂过她们身侧。有相熟的邻居大妈从胡同里踱步而出，热络地朝她们挥手，亲切地说着："晚上家里做了红烧肉，给你们家留一份。"她们对着大妈微笑致谢，她们的步伐不紧不慢，似乎在尽情享受这短暂的安宁。

我猜，在她们之间，定然有着某种交流。年长的她或许会轻声低语：“别怕，所有的不快乐都会过去。虽然需要漫长的等待，但时光飞逝，你会变得无比坚强，你会越来越好。”她的言辞里满是温柔与力量。年幼的她则会抬起头，用那纯真无邪的笑容作为回应，眼中闪烁着对未来的憧憬与期待。

远处飞来一群白鸽，在她们上空盘旋，那鸽哨声阵阵回响，引得她们抬头望向那群自由的身影。

恰在此时，前方铁狮子胡同口传来一声饱含温暖的呼唤：“莹莹回来啦。”那是慈祥的奶奶，正伫立在家门口，翘首期盼着她的归来。

认识莹莹，纯属巧合。初见时，她尽显雍容优雅之态，说话不紧不慢，永远是那般有礼有节，敬语绝不离口。她这过于“客气”的社交路数，给一直比较随意的我很大的压力。

但缘分这事儿，奇妙得很。初次见面，我们就觉着投缘。聊了几回，见了几次，彼此也就越来越了解。女性之间那种信任感的建立，往往就在刹那之间。接触多了，发现她一如既往地彬彬有礼，犹如初见。

莹莹是个心思细腻又敏感的姑娘，骨子里还透着一股倔强。打小起，命运似乎就格外“关照”她，把各种挫折与压力一股脑儿地全砸向她。

可她绝不像外表看起来那般柔弱，哪能轻易被打倒？在她心里，那股子倔强劲撑起了她的脊梁。不管什么时候，不管遭遇多大的坎儿，她都咬着牙，硬挺到底。

莹莹在铁狮子胡同长大，那是北京最古老的胡同之一。曾经这是条死胡同，后来扩宽改建，还以抗日英雄张自忠将军的名字命名为张自忠路。就因为有一对铁狮子，故而得名，这对铁狮子是元成宗年间铸造的，原是元朝某贵族家门前的物件。铁狮子胡同就像一条悠悠的历史小河，从明、清、民国，一路流淌到共和国。莹莹在那里出生、长大，在那里，与奶奶一起度过了她最为欢喜的一段时光。

莹莹是个从业二十多年的演员，一直在电影、电视以及戏剧舞台上活跃着。她不是那种流量明星，而是打小就对这份职业怀着敬畏之心的艺术家，这可是她年少时就定下的目标。

在她的心里，始终住着一个 7 岁的小女孩。到现在，她还是很喜欢小时候看过的动画片。

20 世纪 80 年代，中国曾上映过很多国产的动画片，那些作品绝对是国人的骄傲。其中，1980 年上映的《雪孩子》，至今都让莹莹念念不忘。那是一部讲述了小兔子淘淘和雪孩子的友情，以及雪孩子舍身救人的故事。

莹莹说："我七八岁，头一回在电视里看这部动画片的时候，就知道什么是爱和奉献啦。那个雪孩子怎么就那么没了呢？当时，我可真是对那个小兔子又爱又恨，难过了很长时间。还有啊，我觉得小孩子对父母的爱，就是那种奋不顾身的，像雪孩子一样。"

话说回来，我小时候也看过这部片子。想当年，孩子们娱乐的东西并不多，看动画片就是最重要的一环。但那时候，但凡拿得出手的动画电影和短片，搁到当下还是十分经典。只是，我当时看的时候，好像没什么太多感想，是我太晚熟啦？还是她太早熟了呢？

二

莹莹这人，主意正得很。她脚下的每一步，都走得稳稳当当，可其中艰辛，只有她自己清楚。

一路磕磕绊绊地走来，她发现，现实的路和最初规划的，好像不太一样。但她心里那团火一直没灭，还是朝着目标，一步一个脚印地向前。不管碰上啥，她都不拧巴，大大方方地接纳真实的自己。

就这么一路坚持着，突然有一天，她发现，眼前的路，越走越宽，未来满是光亮。

现在，不管是电影院，还是各大视频平台，到处都能看到不同年龄段的女性身影。在消费市场里，她们早就撑起了半边天。

这么庞大的市场，缺的是真正关心女性群体、关注女性内心的作品。要填补这个空缺，就急需大量女性创作者，她们有着独特又细腻的感知力，最有资格讲讲自己的故事。

莹莹就是其中一员。她既是创作者，也是表演者，她一直在努力书写女性故事，用自己的方式，为女性发声。

我从莹莹的眼神里，就能看出她对《这个杀手不太冷》的热爱。很巧，我也钟情这部电影，我们还收藏了不少相关周边。莹莹收集了好多杀手冰箱贴，我有杀手耳机盒和 T 恤。

不过，相比之下，我的喜欢好像没那么深刻。好多电影情节，我都记不太清了。每次莹莹跟我聊起这部电影，她的眼睛里都闪着光，我都觉得有些惭愧，只能赶紧上网再重温一遍。

对莹莹来说，这部电影是她的心头好之一。每年把喜欢的电影翻出来看几遍，是她多年的习惯。而且，她每次重看，都能有新的感悟。

时光悠悠流转，纵使岁月早已在记忆里留下斑驳痕迹，可每当她再度聊起这部电影，眼中瞬间燃起的光焰，还有那止不住上扬的语调，都让人真切地感受到，那份热爱是从心底最深处，如汹涌的泉涌般喷薄而出，从未有过一丝冷却。她每每回想：“那种对人生的悲悯、那种毫不刻意的煽情、每一个镜头的抒发与呈现，皆是创作者对世间万物的感悟，都能让我感同身受。”她每每感叹：“它虽是一部出色的商业片，可却拍出了爱与孤独，而且极具文艺气息。”我明白了，她也特别想拍这样的片子。

如今，既好看又文艺成了莹莹的追求。她不单演戏，还当编剧、做导演，以及担任制片，她要打造既好看又文艺的女性题材影片，不要纯粹的煽情，不要自以为是的解读，她渴望深挖女性的内心世界，目标清晰又明确。

在电影《这个杀手不太冷》中，两个处于社会边缘的人、两个孤独的灵魂、两个背负伤痛无人重视的生命、两个内心极度渴望关爱的个体，一个大叔，一个少女，他们的命运交织缠绕。影片深入探讨了孤独、爱、牺牲和救赎的主题。

这个故事极富感染力。首先是好看，整个枪战的设计，环节紧凑、严丝合缝，那种充满压迫感的节奏，极具商业片特质，然而情感和人物设定，又做得格外文艺，细腻入微。它将最商业和最文艺完美融合，而且两个主角都是最为孤独、最不为众人所知、不为众人所理解的人。

莹莹说，这部电影让她感悟到，人人都能心怀梦想，不管你是富贵之人，还是平凡百姓，无论你身处哪个阶层，其实大家都是一样的，并无真正的等级之分，这是大家共同的期许。哪怕只是个乞丐，他也有自己的心愿，有些只是因为出身无法选择。在人生路上，每个人都有独属于自己的劫数要去历经。出身从不是被人轻视的理由，绝不该如此。

电影里的莱昂，因生活所迫踏上杀手之路，但其内心仍存有普通人的温情。小女孩玛蒂尔达的原生家庭糟糕透顶，她从未得到父母和姐姐的关爱，内心孤独至极。

最为孤独的两个人意外相遇，共同经历诸多风雨，彼此惺惺相惜，却又被残酷的现实生生剥离，莱昂甚至为小女孩付出了生命，皆因爱、奉献与孤独。

随着故事的逐步推进，小女孩从一个满腔愤怒、一心复仇的少女，慢慢成长为一个更成熟、也更理解生活复杂性的人。她不再在意周遭那些偏见和质疑的声音，变得勇敢无畏，也不再惧怕孤独。

走投无路时，她依然勇敢地抱着莱昂留下的那盆花，回到了学校——那个她曾经最想逃离的地方。莹莹说，每次看到结尾，她的心情都无比复杂，既难受又激动。

莹莹的这种激动，讲了可不止一回。但这回，我好像真的懂了，她的这种感受究竟源自何处。人生中，不管碰上多深多黑的暗，总要相信，会有一束光会穿透阴霾，照亮自己。

三

莹莹从小就是个孤独的孩子，这种孤独感打幼儿园就冒头了。那时候，她老爱站在人群外头，冷静地打量着小朋友们，还一个劲儿给自己发问。在她眼里，弄不明白为什么小孩子拿到好玩的玩具能乐成那样，吃上好吃的能开心成这样。小小的她经常问自己：“难道快乐就只是这些吗？这些真就是真正的快乐吗？”

从上小学起，莹莹就爱悄悄写日记。她习惯自己琢磨事儿，沉醉在自己的小世界里，外界再吵闹，都影响不了她。小时候，只要一接触文字、听到音乐，她脑海里就会浮现出画面，像放电影一样徐徐展开。她特别享受这种自我陶醉的感觉，她自己搭建了个世界，还优化得挺好，自然也就不太在意外面的事了。

这些都是她从前跟我讲的，可这回聊完我才明白，为什么那么小，她就给自己搭了个虚拟世界。莹莹小时候，父母因为一些原因无暇照顾她太多，她有很长一段时间是跟奶奶一起生活的，无形中让懂事的她更加早熟起来。

早熟的莹莹打小就明白，有事别去麻烦大人，有心事自己消化，她不会找父母帮忙，更不会去劳烦上了年纪的奶奶。

她最美好的回忆，就是小时候跟奶奶在一块儿的时光。

在铁狮子胡同里，她常跟奶奶一块儿过日子。从小，奶奶就教她为人处世的道理，其中顶重要的一条就是不能占别人便宜。

莹莹遗传了父母那带着点异域风情的长相。小时候，她一头卷卷的头发，眼睛又大又明亮，鼻梁高高挺挺，活脱脱像个精致的洋娃娃。走在胡同里，大姐姐们瞧着她可爱，总会忍不住主动掏出糖果给她。

有一回，小莹莹开心得蹦蹦跳跳，拿着刚得到的糖果，迫不及待地跑去给奶奶看。可谁能想到，奶奶瞧见糖的瞬间，脸色一下子就沉了下来，表情严肃地说："把糖还回去，不然不许吃饭。"小莹莹当时就蒙了，眼里闪着委屈的泪花，不明白奶奶为什么要这么做。

小莹莹眼眶红红的，一步一挪地把糖还了回去。回到家，奶奶见她进门，才把饭菜端上桌。奶奶轻声说道："还回去了吧？记住，可不能随便占别人便宜。快吃饭吧。"小莹莹抬眼一瞧，桌上是她最爱吃的鸡蛋炒西红柿，鼻子一酸。刚才的委屈一下子消散了不少，赶紧吃了起来。

在莹莹的童年记忆里，最让她雀跃的事，便是和奶奶一同前往家附近的崇文门菜市场。那可是京城赫赫有名的四大菜市场之一，在老北京人的心中，分量极重。一走进菜市场，嘈杂的人声、此起彼伏的吆喝声瞬间将她们包围。摊位上琳琅满目的新鲜蔬果、色泽诱人的各类食材，让莹莹目不暇接，每一次去，都像是开启一场新奇的冒险。

对很多老北京人而言，1976年建成的崇文门菜市场，远不止是个买菜的地儿，它承载着京城文化，装满了老北京人的回忆与情怀。

小时候，莹莹最爱和奶奶去崇文门菜市场。有时奶奶一手推着小车，一手拉着她；有时则是莹莹两只小手推着小车，奶奶在一旁笑眯眯地跟着。一到菜市场，熟悉的摊主们就热情招呼：“大妈，今儿个这菜鲜得很，价格也实惠！”还不忘夸几句：“瞧瞧，小莹莹又长高啦，越来越俊咯！”

菜摊上，五颜六色的蔬菜水果散发着泥土的气息，钻进莹莹的鼻腔，每次都让她兴奋不已。那浓浓的人间烟火气，深深印在她的记忆里。市场周边的小摊贩，冬天卖糖炒栗子，香甜的气味弥漫在空气中；夏天卖老北京冰棍儿，清爽的凉意驱散暑气，这些都是独属于北京的特色风景。

这些画面，是莹莹最温暖、最珍贵的回忆。后来，奶奶离开了人世，没过几年，莹莹跟着父母搬离了胡同。再后来，连那个承载无数回忆的菜市场也消失不见了。听说那块地被房地产公司拍下，在2011年创下了北京单价地王的新纪录。如今回想起来，莹莹心里满是怀念与怅惘。

回忆起那段时光，莹莹的嘴角总会不自觉地上扬。那时候，只要一听说要去崇文门菜市场，她就兴奋得不行，因为那是奶奶专属的“故事时间”。

一走进菜市场，琳琅满目的蔬果映入眼帘，奶奶就会跟她讲这是什么菜，那是什么瓜，打哪儿的菜地来的，有何营养，怎么做味道才最地道。那时候，莹莹觉得奶奶特博学，知道的可多了。

每每莹莹想起奶奶，都说在奶奶那儿总能听到对人生的独特见解，每一件小事都能感受到奶奶的坚韧，不管是生活里的琐碎小事，还是面对困难时的不慌不忙，比好多男的都强得多。

四

平常，奶奶总爱给莹莹讲故事。那些故事里藏着好多道理，莹莹虽小，却已经开始琢磨了。每次听故事，莹莹都像是被施了魔法，一头扎进故事里，把自己当成主角，一点点搭建起属于自己的小世界。

莹莹在家里，父母总是忙忙碌碌，很少关注到她；在学校，老师和同学也常常冷落她。这样的日子不好过，可莹莹的内心却很强大。这多亏了奶奶，奶奶就像一把大大的保护伞，让莹莹能在伞下，安心地编织自己独一无二的幻境。

要是碰上外面有不开心、不如意的事，莹莹就悄悄躲进自己的小世界。在那里，没有冷漠，没有忽视，只有无尽的温暖和快乐。即便父母无暇顾及，同学的闲言碎语萦绕耳边，她也只是默默把自己藏得更深，在这个小小的世界里寻得一方宁静。就这样，莹莹熬过了整个童年，还有那敏感又迷茫的青春期。

奶奶年轻时可是大家闺秀，家境优渥，日子过得富足又自在。谁能料到，爷爷早早遭遇意外，骤然离世。在那个特殊的年代，家里的顶梁柱倒了，生活瞬间天翻地覆。

从那以后，奶奶一个人挑起了生活的重担，拉扯着5个孩子。

她那纤细的身躯，扛着生活的风风雨雨，硬是把家撑了起来。洗衣、做饭、缝补衣衫，每一件琐碎的家务，每一次孩子生病时的焦急守候，都见证着奶奶的坚韧。

莹莹的性格深受奶奶影响。她常常庆幸，自己有这样一位了不起的奶奶。如今，莹莹也成长为像奶奶那般坚韧的女性。面对生活的刁难，她总能挺直脊梁，不被轻易打倒，在命运的拉扯中，始终坚守着最本真的自己。

莹莹的爷爷，早年便是声名远扬的儒商，居住在铁狮子胡同的四合院，经营着一家染织厂，不少人都靠着这份工作养家糊口。莹莹尚小的时候，胡同里几乎所有人见到她，都会提及爷爷曾施与的援手，都说爷爷是个大善人。

曾经，在崇文门到虹桥那一片，爷爷有不少房产。后来，他把这些都上缴给了国家。奶奶更是将家里的名人字画，一咬牙全付之一炬。奶奶心里只有一个念头，只要能护着孩子们平平安安，什么都能舍弃。可命运弄人，爷爷在密云水库改造时，意外离世，家里的顶梁柱就这么倒了。

日子一下子变得艰难起来，可奶奶硬是咬着牙，一个人撑起了这个家，护住了 5 个孩子。那些年，风里来雨里去，经历了这么多大风大浪，奶奶变得越发坚韧、果敢。这一切都在不知不觉中影响着年幼的莹莹。

奶奶就像一把最坚实的保护伞，为莹莹遮风挡雨。可这把伞，收得太早了。在莹莹小学三年级的时候，奶奶离开了人世，那把保护伞也随之消失不见了。

从那以后，莹莹只能给自己穿上无形的铠甲，独自面对这个残酷的世界。

莹莹打小就遭遇了诸多不公平。仅仅因为她比同龄人出色，就无端承受着恶意，听起来实在荒诞，可这些糟心事纠缠了她好久。也正因如此，她小小年纪就明白了，小孩子的恶意竟也能这般毫无缘由，与生俱来。

莹莹天生就长得惹人注目，随着年岁增长，身为艺术特长生的她越发气质出众。她性子乖巧温顺，学习成绩也十分优异，本应是大家眼中“别人家的孩子”，收获满满的夸赞与喜爱。可事实上，自上学起，她就没怎么体会过快乐。那些年，她仿佛一直深陷在恶意的旋涡里，怎么挣扎都逃不出来。

小学时的莹莹，在人群中总是特别亮眼。小姑娘嘛，对那些五彩斑斓、闪闪发亮又萌态可掬的小物件，喜欢得不得了。头发上多别几个彩色的卡子，穿上鲜亮的小裙子，在别的小孩子那儿，是再寻常不过的事儿。

她永远忘不了那天，妈妈给她买了心心念念的小兔子发卡。她可宝贝了，刚戴上的头一天，就被老师叫去了办公室，老师冷冰冰地说：“摘了，以后你都不许戴。”

莹莹心里委屈极了，她看着别的小女孩头上戴着各式各样五颜六色的饰品，满满当当的，可自己却连一个发卡都不能戴。这还不算完，老师不仅不让她戴卡子，还不许她穿裙子，艳丽点的衣服也不行。别人想怎么穿就怎么穿，到她这儿却全成了禁忌。

从那之后，莹莹每天只能穿着深色长裤，头发梳得整整齐齐，脸蛋也干干净净的，却没了往日的活泼劲儿。

夜深人静的时候，莹莹把自己收藏的那些漂亮小卡子，一个一个小心翼翼地收起来。她抱着最喜爱的小兔子玩偶，眼泪止不住地流。她怎么也想不明白，自己到底做错了什么。为什么老师要在办公室里严厉指责她？为什么别人能做的事，自己做了就是错？明明自己什么坏事都没干，为什么什么都不许做？

自那以后，莹莹心底的少女情怀就像被霜打过的幼苗，再也没能肆意生长。小小的她，内心装满了不为人知的细腻情感，于是，她写下一首长诗，取名《小小》。那首诗里，藏着她对爱的渴望，也有在孤独中徘徊的身影，字里行间都是她对这个世界的懵懂感知。现在的莹莹时常憧憬，等以后有机会了，一定要把这首诗拍成短片，把自己童年的爱与孤独，用影像的方式讲述出来，让更多人看到那个小小的、藏着大大的内心世界的自己。

五

曾经，莹莹与其他同龄的女孩子一般，内心装满彩色的梦，对世界满是期待，眼睛里闪烁着灵动的光。可她的色彩却被迫尽数收起，老师的这种不尊重，让她的生活自此失去颜色、失去自由。

从那以后，她只能压抑着自己的喜好，小心翼翼地活着，再也不敢轻易展现真实的自己。

从小，莹莹个头儿就蹿得快，早早便是班里女生里最高的。不管是排座位还是排队，她总是在最后一排。上初中时，有一次体育课，两个班组织投沙包比赛。为了公平，两个班参赛人数得一样，而她正好是多出来的那一个，顺理成章就被分到了另一个班，两边人数才凑齐。

比赛开始了，同学们都在一块木板前依次排队，把沙包朝着木板上的窟窿投去，投中一个就能为班级赢得一分。

莹莹对体育课兴趣缺缺，不过是按照老师的要求，机械地完成动作。谁能想到，比赛到了白热化阶段，两个班级仅差一分。关键时刻，莹莹接连投进两个沙包。原本她自己所在的班级还领先一分，可因为她被临时分到了别的班，这两分自然就加到了新班级的成绩里，导致她原来的班级输了比赛。

她只是认真完成老师布置的任务，根本没多想，也完全没想到自己能投中。可就是这样的无心之举，却让她成了全班同学眼中的“罪人”。从那以后，她被全班同学孤立了，课间休息时，大家三五成群嬉笑打闹，却独独将她排除在外。

没有一人站在莹莹这边，甚至有个男同学公然指责她背叛班级，闹得不可开交。体育老师知道后十分生气，但只要老师在场，同学们就装出一副什么事都没发生的样子。可老师一转身，全班就像商量好了似的，齐刷刷地把她排斥在外。

那种被众人孤立的屈辱感，让莹莹偷偷哭了好多次。她成绩优秀，还是班干部，每次去收作业，同学们都故意装作听不见，对她不理不睬。她满心委屈，却无处诉说。

这样被针对、被孤立的遭遇，莹莹经历了一次又一次。每一次，都像一把钝刀，在她的心上慢慢割着，让她在本该纯真美好的校园时光里，尝尽了人情冷暖。

步入高中，莹莹出落得越发亭亭玉立。青春期的男生们，总会在不经意间，多往她那儿瞧上几眼。甚至有大胆又莽撞的男生，直接在路上拦住她，就为了说上一句“嗨”。可莹莹每次都只是默默绕开，从不理会。

然而，她的刻意回避并没有让那些事平息。课间的时候，总有男生偷偷拿着相机，对着她按下快门。莹莹眼睛有点儿近视，压根儿没察觉到这些。还是那些满是愤怒、嫉妒和厌恶的女同学，一脸不悦地冲她叫嚷：“就是因为你，他们天天堵在教室后门给你拍照！”

在这些女同学眼里，莹莹的存在仿佛成了一种罪过。就因为这样莫名其妙的理由，她又一次被孤立了。每次走进教室，原本热闹的讨论声便戛然而止，她只能默默回到座位，在旁人的冷眼中，独自熬过一节又一节的课。

听莹莹讲述这些过往时，我心里满是震撼，实在难以想象她曾经历了怎样压抑的时光。她明明什么错都没有，却承受了这么多。这下我彻底懂了，为什么她从小就给自己构建了一个心灵世界，那是她对失望现实的逃避。

在那个小小的世界里，她开始读书、写诗。她用文字解读这个复杂的世界，也学会了随意拿出一把剪刀、一张纸，就那般静静地、缓缓地剪出了生命的模样。

无数压抑的日子，犹如困在黑暗的牢笼，周遭毫无色彩。所幸，她给自己那灰暗的世界凿出了一个洞，洞口不大，却足以渗透一丝阳光，让她觉得好歹没那么寒冷。

谁能想到，在这看似单纯的校园里，孩子们之间的社交竟如此残酷。校园霸凌一直是个棘手的问题，长期存在且难以根除。大人很多时候难以插手，一些聪明的孩子便只能自己想办法应对，莹莹就是其中之一。

她的父母忙得焦头烂额，无暇顾及她。她在外面遭受的委屈和痛苦，都只能自己默默承受。本就内向的她，变得更加封闭。每天，她都在自我思索中寻找安慰，自己消化所有的负面情绪。也正是这段经历，让她发现自己有着越挫越勇的韧性。她心里清楚，必须要强大起来，别人越是想打倒她，她就越不能被击垮。

尽管从小遭遇了这么多不公，莹莹却没有长歪，她心中始终保留着善良。这是因为她早早找到了情绪的出口，这也成了她日后热爱创作的根源，她把那些经历和感悟，都融入自己的作品里。

六

在那本日记里，每一页都藏着莹莹的喜怒哀乐。那些被她用文字包裹起来的情绪，就像一个个秘密的小宇宙，在她的笔下肆意爆发。

她曾想过离家出走。但那种想法也仅是瞬间闪过，还好，她没那份胆量。

她会想："万一我走之后，爸妈会不会担心我？他们若担心我，可怎么办呢？”又会想：“我走了之后，会不会给学校造成负担，倘若一个少女离家出走，对学校必定会有负面影响。嗯，一定会。”

她每次就这样，在自己的小小日记里情绪汹涌，每次都能洋洋洒洒地写出一部大电影的情绪分量，她在自己的舞台上自导自演了整部大戏，电影终于落幕，每当合上日记，她都像是完成了一场心灵的洗礼，带着重新积攒的勇气，再次回到那个看似平静的世界。

旁人看她却毫无变化，依旧安静地该做什么做什么，谁也不知道，那个少女的心思早已排演了一幕又一幕戏剧？而且是演了好几个来回。莹莹这种面如平湖、心如惊雷的状态从写日记那时便开始了。她把现实中遭遇的所有麻烦、困扰、痛苦都化解在她的日记里，那是她的出口、她的舞台、她的圣地。

她在那里感知自己，找寻自己。

那些来自同龄人的嫉妒所引发的霸凌，来自教育者因情感驱使的不平等，以及父母的忽视，让她的生活充斥着难以言喻的压力。她都借助日记来消化这一切负面情绪，这大抵也是历经诸多磨难，莹莹未曾长歪的一个原因吧。

后来，莹莹把 5 本日记全烧了。她怕，她怕被爸妈看到日记里的东西。

2024 年的夏天，石景山朗园的一家咖啡店被鲜花簇拥，馥郁花香混着咖啡香弥漫在空气中。莹莹就坐在我对面，午后的阳光透过玻璃窗洒在桌面上，映衬出她完美的轮廓。

她说："我就属于那种压不垮的人，想让我垮掉，绝无可能，我就是不能垮。"说完，她喝了一口甜甜的苹果汁。

那天在咖啡店里，莹莹告诉我，她现在有个特别好的闺密，曾经做过一件让她感天动地的事，让她苦涩的生活感到很甜的事。

高中有段时间，莹莹的日子掉进了冰窟窿。她被全班孤立，同桌的女生当着全班同学的面，端着桌子直接搬走了，这像一记重锤，狠狠砸在她心上。眨眼间，紧挨着的两张桌子，只剩她孤零零地待在原地，仿佛这个世界都背对着她，周围的欢声笑语都成了刺耳的嘲讽。而原本，莹莹和同桌的关系还不错。

更难熬的是，有同学故意在老师那里给她泼脏水。莹莹作为班干部，负责统计物品。有一回，他们故意偷走一个，老师怪莹莹大意，所有人都在一旁偷偷乐。等莹莹委屈地从办公室回来，发现东西就好端端地放在桌子上，可老师依旧认为是莹莹的错。

那时，每天踏入班级前，莹莹都要在门口伫立片刻，深吸几口气，努力给自己鼓足勇气，才敢迈进那扇门。

这种压抑与窒息感持续了好几年。有一段时间，每至夜深，她走到天桥上，桥上只有她的脚步声，一下又一下，空洞又孤寂。

她凭栏而立，看着桥下车来车往，车灯闪烁，如同冷漠的眼眸。在那些绝望的瞬间，一个可怕念头总会在她脑海中一闪而过：只要纵身一跃，一切痛苦似乎就能结束。她就那样静静地站着，目光空洞地凝视着远方，思绪飘向未知的深渊。

但她知道，自己不会跳。那股支撑着她的力量，如同黑暗中的微光，从未熄灭。每次在桥上待一会儿，她便转身，拖着沉重的步伐离开。仿佛真有一只无形的手，在她即将坠入深渊的那一刻，轻轻拉住她，将她从崩溃的边缘拉回。

那时候，每天都能听到有人在背后叽叽喳喳地议论自己。更过分的是，有些人还试图拉拢她的好朋友王丽，想让她彻底陷入孤立无援的境地。

身为班里学习委员的王丽，平日里总是沉默寡言，性格温和，对谁都谦让有礼，是个十足的老好人。谁也没想到，在那个看似平常的自习课上，王丽突然"砰"的一声猛地站起身，椅子在地板上划过刺耳的声响。只见她小脸涨得通红，胸脯剧烈起伏，眼里满是怒火，大步流星地冲到了老师的讲台上。这突如其来的举动，把全班同学都惊得目瞪口呆。

她直视讲台下的所有人，铿锵有力地说："我告诉你们！莹莹是我最好的朋友，别再说她什么！也别想把我从她身边拉走！我警告你们！"王丽将一字一句，甩在那些欺人太甚的同学脸上，如同巴掌一样响亮，惊呆了众人。

"我第一次见她那么激动，那一刻，我的眼泪止不住地流。"莹莹在我面前双眼含泪地说。

这才是真正的朋友，特别温暖，特别治愈，让莹莹无比感动，也让莹莹终身受益。

莹莹特别感谢这个朋友。从那一刻起，她每天都陪着莹莹，形影不离。哪怕中午吃饭，王丽也不顾所有人的目光，就要和莹莹在一起。不管别人说什么，她都觉得莹莹是最好的，觉得那些人不可与之为伍。

莹莹突然觉得这个女孩儿好伟大，能够无视所有人。这太难了，可她就是做到了。她每天主动来找莹莹，说："放学了咱们一起走。"这简单的一句话给了莹莹无比的温暖。每天她们约好在一个地方集合，一起进学校，一起出学校，随时随地都在一块儿。

"她陪我走过了人生中最艰难的阶段。那段时间，家里气氛也很紧张，没人关心我。放学后，我就自己骑着自行车在周围转好多圈，直到天黑才想回家。"莹莹平静地跟我说。

因为王丽的出现，莹莹灰暗的青葱岁月出现了一道光。后来，她们成了最好的朋友，无论莹莹遇到什么，王丽都是在背后默默支持她的那个人，一如当年勇敢地站在讲台上，向全班发出宣言的女孩儿。

七

但生活中也并非尽是这般糟心事儿，自然也有美好的。好比爸爸心情愉悦时，会给她烹制美味佳肴。爸爸的厨艺堪称一绝，只要在餐厅品尝过一次，便能回家琢磨出味道极其相似的菜品。每逢这种时刻，莹莹的幸福简直难以言表。

生活在平凡日子里的人们，向来少不了对口腹之欲的满足，以及对人情温暖的向往。提及小时候深感满足的瞬间，莹莹印象最为深刻的，当属住在铁狮子胡同里，与邻里和睦共处的那番热闹温馨的画面。

20 世纪 80 年代的北京大杂院，充满了浓浓的生活气息，邻里之间的情谊也格外深厚。在那个小小的院子里，藏着莹莹童年最温暖的回忆。

炎炎盛夏，街坊邻居都在院子里生火做饭，谁家做了什么菜，在胡同里都能闻得真切。那时的人们仿佛没有边界感，你家做红烧肉，我家做扁豆焖面，做得了经常会多盛出一份给隔壁分享，或者干脆在院子里摆桌一同享用，还有的人拿着筷子端着碗，笑嘻嘻地去邻居饭桌上夹一筷子。

那真是令人怀念不已、如今已然消逝的烟火气息。

莹莹记得奶奶做好饭，她会乐滋滋地端起一碗给邻居奶奶送去。那位手巧的奶奶很喜欢缝纫，得空就给莹莹做了好几条合身又漂亮的裤子。

那时候胡同里的人洗完衣服都会晾在院子里，每当要下雨时，老远就能听到胡同里有人呼喊："下雨啦，收衣服啦！"然后院子里各家都会迅速闪出个人影儿，手忙脚乱地收衣服。没人在家的，也自会有邻居帮忙。

有一回，莹莹在胡同里玩耍，心里惦记着一会儿回家看《霍元甲》。突然，天上开始掉雨点，瞬间胡同里就有人叫嚷："收衣服！"院子里，大伙开始匆忙地收拾。莹莹还记得当时自己拼命往家跑，到家时已淋了半湿，可那种在雨中奔跑的感觉，如同在雨中跳舞，让她开心极了。

老北京胡同里的生活，还有一种景象甚是热闹，那便是邻居吵架。就像莹莹的生活不会总是被霸凌和漠视占据，总有温暖她的时刻。胡同里的邻里平日里和和睦睦是常态，但也难免会有产生小摩擦的时候。邻居之间为一些鸡毛蒜皮的事儿吵起来，每个人都扯高了嗓门，瞬间就会引来热情的邻居前来劝架。

通常情况下，胡同里的劝架比吵架还要热闹。大家你一言我一语，有的劝和、有的拱火、有的嬉笑、有的插科打诨，整个胡同仿佛开了一场小品晚会。最后，争吵的声音渐渐平息，大伙儿也各自散去，胡同又恢复了往日的平静。

但对老北京人来讲，这争吵虽短暂，却也是胡同生活的一部分，是老北京胡同文化中不可或缺的一抹色彩。

那时候，人与人的关系纯粹至极，可以单纯地喜欢，也可以直白地讨厌。但当你真正需要援手的时候，邻居还是会挺身而出护着你，这便是莹莹小时候，在胡同里体会到的人情冷暖。

那时，北京的胡同总是很热闹，老人都搬个马扎，摇着扇子在胡同口乘凉，小孩子们在胡同里玩闹，胡同里穿行着推着自行车下班的人，他们都会彼此打招呼，亲切地说："回来啦！""吃了吗您？"只有当电视台播放《霍元甲》和《西游记》的时候，才会出现万人空巷的景象。

当然，曾经这种热闹与万人空巷的情景在中国大部分地区都存在。那时的北京和许多城市一样，日子虽说单调，却并不简单，物质尽管匮乏，却容易满足，人与人之间关系亲近，心与心之间暖意融融。

老北京胡同里的暖意、邻里之间的情谊是在日复一日的相互问候、共同分享美食、有难相互帮衬中，一点一点积攒起来的。

小学毕业之后，老邻居们陆续搬离胡同，那种街坊之间的亲昵感渐渐消散。

多年过去，那些老北京的胡同生活，是莹莹难以忘怀的一段美好时光。

八

当同龄人在尽情享受父母的疼爱，无忧无虑地生活时，莹莹却早早开始思索人生的意义了。

她认定经历的那些黑暗时刻，皆是人生的考验，并且庆幸自己能早早经历过。因为这些，都是生命的淬炼。

倘若年轻时太过顺遂，说不定那些考验会在中年或者晚年出现，那想必会是更为痛苦的事。年少时被保护得太好，之后遭遇挫折便一触即溃的人不在少数。

这种能够自行消解负面情绪的能力，让她受益终生，如今的她，庆幸自己是个修行之人。

自小历经诸多，因着种种机缘，总会巧妙地在各处遇见一些师父，他们皆会来到莹莹跟前，告知她佛缘深厚。这也使得每次莹莹遭遇不快经历时，感觉冥冥之中有个虚幻之影可供寄托。然而，她并未执着于此。直至大学时期，她需要一种更为强烈的信念感。

大学里，她必须在干扰更多的情形下，格外清晰地明确自身的发展方向。她渴望出演像朱丽叶 · 比诺什的《蓝》那样的作品，她期望走进真正的艺术殿堂，她立志成为一位极其出色的表演艺术家，她甚至愿意死在舞台之上。

她将自己的追求化作信仰，可这着实需要强大的内心支撑。在这般内心的波动之下，翌日，她忽然生出皈依的想法，那是一种难以形容的微妙感，只在那一瞬间她就做了决定。

2001 年，颇具佛缘的莹莹在电影学院读大一的时候，于北京牛街的法源寺皈依，师父为其起名仁人。

皈依后的莹莹并非每日诵经修行，她是那种完全将修行内化于心的人，无须让他人觉得她成天在修佛，而且她身上无任何标志，几乎不佩戴任何与修行相关的饰品。

如今，莹莹是从业二十多年的演员，还是荣获过戛纳女性故事电影节最佳亚洲女演员奖的人。除了出席活动，她几乎从不刻意装扮自己。但凡回归自我，她只求最为自在的状态。

或许旁人以为，她没有拿得出手的饰品，但她也只是一笑置之。莹莹家中有一柜子的首饰，却都被她尘封起来，就算参加活动，她也只会佩戴最简素的，她已不再需要那些装饰，只想做舒服的自己。

莹莹觉得，当一个人的精神足够富足时，这些皆为负担，甚至觉得手上戴个物件，去洗个手都很麻烦。

莹莹是那种既感性又理性的大女人。现在，她对泰戈尔的戏剧甚是喜爱，只因觉得泰戈尔心怀大爱。他打破了种族的枷锁与束缚，尤为尊重女性，期望所有女性都能够冲破牢笼、撞破围墙、跨越所谓的藩篱。这正是莹莹追寻的。

我曾好奇，为什么莹莹年少时，就知道长大了要做什么，要追寻什么。

二十多年前，人艺的一部话剧《纪念碑》正在上演，谁也不知道，在黑压压的舞台下，一位纤细柔美的少女正在专注地观看表演，而她的精神已经在跟台上的世界产生了连接，她的体内已然翻江倒海，那突如其来的精神碰撞，让她在那一刻明确自己将来要干什么。

因与一部话剧结缘，让还在读高二的莹莹就明确了自己将来的发展方向，回想当时那种突如其来的怦然心动，至今还让她眼神闪耀，她，瞬间产生的一个念头是，要成为一名演员。那念头根植于心，并且一直在她体内疯狂生长。虽然之后的数年，她经历了许多艰难，命运也很多舛，但这个念头依然牢固，从未动摇。

在父母的安排下，莹莹从小就接受了艺术方面的训练。她也很喜欢阅读和写作，小时候就拿过全国的写作奖项。而那时虽然多才多艺，但从没有让她对未来有个明确的目标，直到那场话剧的出现。

九

在电影学院读书时，她的床上堆满各种书籍。她每天要看大量的小说，然后去改编片段、编写剧本，再和同学们去排练。当时，全班只有她的表演作业是自编的剧本。这种长期训练得来的良好的文学素养，成为她日后有机会出演优秀的戏剧、获得大奖，并且创办剧团的基础。

大学时，莹莹每天雷打不动地在操场上坚持跑步，每次都是10圈。她时刻提醒自己不忘初心。每天锻炼、读书、写作、排练，她是那些年表演系唯一一个拿到奖学金的，也是以第一名成绩毕业的学生。长达四年，每一天对自己的严苛要求及努力，让她有能力去克服日后各种极具挑战的困境。

现如今，在镜头和舞台上打磨了20余年的莹莹，内心依然住着一个7岁的小女孩儿，我期待着她把自己的故事拍出来的那一天。她现在正在筹备自己的新电影，关于一个女人觉醒的故事。

2024年8月2日，我再一次因为莹莹来到国家大剧院，她和《麦克白》剧组的主创在那里有个座谈会，在肃穆的会场，莹莹绾起头发，一袭黑裙，以《麦克白》女主角的身份，上台和观众见面。

会场上，每个主创都要发言，并且还要回答观众的提问。整场下来，莹莹的即兴发言行如流水，她对戏剧的理解、对人物的表达，让我在那一瞬间感觉到，她真的是为戏剧而生，并且她更加适合大学的讲台。

我是通过可勒认识的莹莹，他们相识已经20多年。2000年，莹莹在大一的期末汇报演出时，经人介绍，认识了前来观看演出的可勒。那时，可勒在做电影《北京假日》的制片人和经纪人，从那时起，他们便开启了长久的朋友模式。他们彼此一见如故，可勒很认可她在专业上的态度，而在长期的相处中，发现莹莹就是为戏剧而生的人。

可勒告诉我，莹莹的家里不像大多数的漂亮女孩子一样，有很多包啊、化妆品之类的，而是有一面墙的电影、戏剧光碟。看到那面墙的时候，可勒就知道，这个姑娘或许路途坎坷，但是一定会闯出属于自己的那条路。

可勒和莹莹曾经共同创立过一个戏剧社——“八风不动”戏剧社，名字出自北宋苏轼的诗偈：“稽首天中天，毫光照大千。八风吹不动，端坐紫金莲”。莹莹在拍摄电影《夜朗》时，可勒也曾帮她客串过角色，莹莹说，当年可勒也算是给她救场了。

莹莹觉得，自己每次在事业中遇到坎坷，可勒总是会坚定地给予她鼓励，他们都是彼此人生中重要的朋友。

可勒说，莹莹是在演戏中生活、生活里坚守自我的人。接触久了就知道她很真实，同时也很奇特。常年吃饭都吃西红柿炒鸡蛋，衣柜里的衣服从来都是平铺而不是挂起来。而这个社会可能不太包容她的地方，或许就是，她在人情世故方面不像大多数人那样机灵。

但如果现在就要面对死亡，莹莹已经没有什么遗憾了，她做到了很多人做不到的东西，精神层面的东西她已经超越了 95% 的人。

在策划《我爱这座城》时，可勒和我都觉得，这本书应该有一片属于她的净土。给这座城留下一个记忆，她绝对是北京城的一个骄傲。她不忘初心，并且坚守至今。我们都希望能有更多的人赏识她这个人，赏识她的灵魂。

后来，莹莹的确经历了许多酸甜苦辣，但是，她一直没有停止前进的脚步，一直在用敏感的触觉，坚毅的心智去寻找、去诠释真性情的女孩儿、姑娘、女人的美好故事。

愿我的好姑娘啊，从此与伤害绝缘，哪怕兜兜转转又被伤害撞了个满怀，也能身披阳光，笃定地大步朝前走。

无畏伤害，步步生花。

来自莹莹的留言：

愿我这个从小在胡同里长大的孩子，永远怀揣勇气与梦想，在京城书写属于自己的精彩篇章。

在北京触摸全世界

本期主角

冯奕

资深独立电影制片人、发行人
职场里的钢铁直男
生活里的感性青年

一

2005年，冯奕在北京的一家游戏公司做动画师。那时的北京，正处在快速发展的阶段，高楼大厦拔地而起，城市充满了机遇与挑战。冯奕的办公地点在建国门的一家酒店里，那酒店有个院子，有三四层楼，他所在的美术组就在其中一个房间里。冯奕在楼上透过窗户能看到院子里停着的车，其中，最引人注目的是那辆刚上市的马自达6——它有着优美的曲线和靓丽的蓝色。

一个女同事说："那车是有钱人有了第一辆车后，再买一辆开着玩的。"

冯奕常常看着那辆车发愣，心里盘算着："我得先买房，再考虑买车。一个月四千多块，什么时候才能实现？"冯奕觉得做动画技术这一行，算来算去，感觉按照目前的职业路线，想要实现买房买车这种基本的生活目标，根本不可能。北京的高房价让他感受到了压力，但也激发了他对未来的渴望。他意识到，想要在这座城市站稳脚跟，必须找到一条更有前景的职业道路。

于是，冯奕就动起了心思，觉得需要换个能挣更多钱的工作了。北京这座城市的竞争与机遇，让他不得不思考如何突破现状。

有一天，在建国门下地铁的时候，在一号线和二号线交汇的换乘处，遇到一个老外问路。老外用英语说想要去二号线的鼓楼，问冯奕该走左边还是右边？

那一刻，冯奕一听就明白了他的意思，但是，却一句英语也说不出口。于是，冯奕用了世界通用的万能语言——比画。他抬手指给老外二号线的方向，然后匆匆离开。上了地铁后，冯奕震惊极了。他可是英语专业毕业的呀，他怎么会一个词儿都想不起来，完全不知道该怎么说。

那个时候，公司运营状况也不好，项目接近尾声，作品却不尽如人意。公司裁了大部分工作人员，冯奕和极少数人被留下来做收尾工作。

冯奕很清楚，这地方肯定待不久了，就想着先恢复恢复英语吧。于是，他着手制作了一个关于动画的英文网站。

应了那句老话，在工作中学习是最快的。在做网站的过程中得不断学习，找模板、找素材。冯奕在网上搜索资料的时候，发现了一本国外的动画杂志，叫 *Animation Magazine*，它下面有个网站叫动画数据库，这里集结了世界上几乎所有动画公司的信息，可中国这方面的信息却非常少。

于是，冯奕就把自己做的网站地址挂在了那个数据库上。没想到，挂上没几天，一封来自美国导演的邮件就进了他的邮箱。邮件里说，有个动画项目想外包，问他能不能接这活儿。

冯奕心里犯嘀咕：“我也不知道呀！”但转念一想，自己好歹是吃这碗饭的，怕什么？脑袋一热，大手一挥，就回复导演说：“这个东西我肯定会做。”

他又回过神来：“现在就我一个人，怎么做呢？”可冯奕这人，骨子里就是很有开拓精神，还是把这个活儿接下来了。这项目是给美国橄榄球比赛开场前放映的动画短片。虽说心里有点儿打鼓，但事已至此，就硬着头皮上吧！

后来，冯奕把那个棒球动画项目发给了一家北京电视台附近的动画工作室。动画工作室位于一栋居民楼里，十几个人挤在一个不大的空间里工作。冯奕每天都要向美国导演汇报工作，英语成了他最大的挑战。

一般外国人都喜欢发邮件，但这位美国导演却特别爱打电话。刚开始时，冯奕的英语生疏得让他自己都感到惊讶。每次电话沟通，他都紧张得手心冒汗，生怕听错或说错。后来为了应对，他常常在电话前准备好稿子，逐字逐句地念。一个月后，他的英语奇迹般地恢复了大学时的水平。

那时候，他每天写报告，还要写稿子念出来，频繁地和导演沟通项目进度。冯奕回忆起那段经历时说：“虽然一开始很艰难，但慢慢地，我发现自己的英语越来越流利了。”那段时间，冯奕也和动画工作室合作得非常愉快。几年以后，他们一起合作了一部动画电影，票房超越 9 个亿。

在我印象里，冯奕一直是个特别有办法的人，不管遇到什么事儿，总能想到办法解决，并且，他是少有的不会因为工作焦虑的人。他说，他身体里好像没有焦虑这个开关，只是求生欲超强，不知不觉就把事儿给办了。

在项目期间，他需要经常发送文件，因为家里网速慢，就去找网速快的，他到同学家里去给国外发送文件。同学看到他做的事情也很感兴趣，恰巧同学手上有资金，于是入伙和他一起干。这么一步一步下来，开疆扩土，冯奕做得很顺利，根本没有内耗的机会。

第一个拉来的短片赚到了第一桶金，给了他底气，知道这么做有戏，那就继续做下去。他果断辞职，之后在网上继续和国外对接。冯奕通过在网站上登的那个不起眼的广告，时不时会有国外的项目找来。开始，他也尝试招了几个人，成立了一个小工作室。但是做了一段时间后，他觉得这样质量没有保证，而且各项成本都太高了。

他很了解自己，一直做技术不会有太大优势，而且，技术是不断迭代的，需要不停地学习。那些懂计算机和美术的人这方面肯定比他强，自己早晚会被淘汰，当目标越来越清晰，他决定往管理和销售的方向走。

既然自己有能力接项目，而有些小工作室能力不错，但是缺少好的项目机会，索性，冯奕和那家动画工作室搬到了一块，他们在同一层写字楼里租了两间办公室。之后，他接到的活儿，都外包给了这家工作室，就这样，他们形成了稳定的合作关系。

二

突然有一天，工作室的动画导演，也是老板，说："我想做个电影，我导演。"

那时候，冯奕有个朋友是做电影发行的，这几个人就凑到一块儿商量起来。当时，国内的动画电影才刚刚起步，票房看上去还挺有空间。他们几个就这么盘算着，之前像《喜羊羊》《灰太狼》之类的动画电影，发了几部片子，票房卖得都相当好。

导演心思活了，他一心就琢磨着做个关于孙悟空的电影。做发行的朋友算了算说："之前这类片子，平均票房大概在 1800 万到 2000 万左右。要是用三分之一的成本来做个片子，那就能赚钱啦。"就这么着，导演决定一定要把电影做出来。

其实，冯奕也有电影梦，从中学开始就一直心心念念想做电影。之前进动画公司，就是想着为进入电影这个行业做准备。冯奕当时就想，不管能不能真的进入这个行业，好歹这是个机会。所以，他不计较报酬，就直接提议自己做制片。双方还是合作的关系。

最初的核心团队就这么形成了。各种外联的工作都是冯奕做，像是把活儿外包，做音乐、音效这些事儿，还有和发行合作、找投资之类的，在真正的投资人进来之前，全是冯奕在操办。

在这个过程中，冯奕发现了自己的一个显著优势。和那些专注技术的人相比，他的沟通能力简直太突出了。好多公司都更愿意和冯奕洽谈合作，面对单纯做技术的人，他们却兴致缺缺。

在中小型公司里，大家常常得一个人顶十个人用，这已经是见怪不怪的事儿了。老板们刚开始的时候，心里都打着如意算盘，盼着主力人员个个都具备多元能力，技术公司也是如此。在他们的设想里，做技术的人可不能只专注于技术，还需涉足管理、销售、客服，等等。做动画的本事不可或缺，同时也要掌握一些有助于工作开展的其他技能，例如，清晰有力的表达、高效的方案展示、谈判的技巧，等等，以此更好地推动项目发展。

但实际上，部分技术人员确实不太擅长这些非技术领域的工作。就拿和客户谈合作来讲，有的技术人员一开口，容易局限于技术问题，沟通时不够顺畅，难以快速抓住重点，准确传达关键信息；还有的技术人员性格较为内向，内心想法丰富，却不太擅长清晰地表达，导致信息传递受阻，让对方理解起来有些困难。

从思维模式看，一些技术人员习惯单线程思考，这使得他们在谈业务时，可能会过于直接地表达想法，较少考虑对方的感受和需求。这种沟通方式有时会让交流氛围变得不太融洽，进而影响合作的推进，使业务洽谈难以顺利进行下去。

冯奕可完全不是这样！他脑子转得比风车还快，机灵得很。每次和对方谈话，就像在跟老朋友聊天一样轻松自在。他特别会琢磨对方的心思，说话既专业又中听，一来一回间，总能巧妙地化解各种难题。不管遇到多棘手的客户，他都能面带笑容，游刃有余地应对，三言两语就把合作的事情敲定了，真的让人心服口服。

冯奕好似军队里负责打前锋的，而且他不是那种非得万事俱备才行动的人。他只要看到一点点苗头，就想去试试。他心里想的是，大不了不成，但不试试永远都成不了。

2015 年，那部动画电影在北京首映，当时引起了轰动，而且掀起了国产动画的热潮。影片以其精彩的剧情、精良的制作吸引了众多观众，票房冲破 9 亿，成为中国动画电影发展历程中的一部重要作品，片名叫《大圣归来》。北京作为中国动画产业的中心，为冯奕提供了与国际接轨的平台。

在《大圣归来》问世之前，国产动画电影市场长期被国外动画大片占据，投资者对国产动画项目持谨慎态度，观众也对国产动画电影缺乏信心。然而，北京这座城市的资源与人才优势，为冯奕和他的团队提供了宝贵的机会。他们在这里找到了志同道合的合作伙伴，也获得了来自各方的支持。

《大圣归来》的成功，不仅让冯奕一只脚迈进了电影行业，也让他更加坚定了在北京发展的决心。北京作为中国动画产业的中心，推动了冯奕的成功，也让国产动画电影迎来了新的春天。

毕竟在项目筹备阶段，团队对这部作品的收益预期并不高，预估最多能有 2 亿的票房。谁都没料到，影片上映后成绩远超想象，以较低成本收获了巨额利润。这样出色的成绩吸引了大型制片公司的目光，他们迅速与团队展开深度合作，为后续项目提供全流程的专业支持。在这种情况下，冯奕与之合作尽管一直很顺畅，但也自然告一段落，他逐渐退出了后续相关事务。

但这个过程，让他积累了很多经验，也总结了一些教训，之后他在跟任何团队合作中都尽量采用单线程的合作模式，越简单就越高效。

自从冯奕成立工作室，投身独立电影发行领域后，他就常常离开北京，奔波于世界各地，穿梭在各大电影节和电影市场之中。2015 年春节，我曾经与冯奕一同前往柏林电影节，在那里，我提前看到了尚未上映的《大圣归来》的片段。

虽然《大圣归来》在国内取得了巨大成功，但其他国家的发行商对其感兴趣的甚少，在戛纳电影节的展映中，一共来了五个人，还都是中国记者。冯奕急了，在随后 11 月的美国电影市场上，展映当天他花了大价钱买了个两个场刊封面，早上一进门，整个展会现场都铺满了披着赤红斗篷的孙悟空海报，当日展映座无虚席，随后几个月，《大圣归来》在各国陆续上映。之后，诸多国产电影在各大电影节相继效仿。其中一个场刊就是当年的 *Animation Magazine*。以前是为别人的影视产品打工，如今中国的影视作品也可以向全世界输出。蓦然回首，手套胶鞋变西装革履。这也是中国产业升级的一部分。

后来，在电影行业摸爬滚打多年，冯奕深知，许多国内影片在海外市场的销售情况并不理想，这背后存在诸多原因，文化差异便是其中一个关键因素。

以动画电影《大圣归来》为例，这部影片在国内掀起了观影热潮，可在国外，很多外国观众却难以理解。虽说影片的故事已经进行了一些调整，但中国人对其中的神话背景、角色设定等前因后果了如指掌，这些基本设定早已深入人心。然而，外国人看到没有翅膀却能飞行的龙，就会感到十分奇怪，在他们的认知里，没有翅膀的龙和蜥蜴相差无几。但对我们而言，龙无须翅膀便能翱翔天际，这是深深扎根于传统文化中的概念，早已刻在我们的骨子里（虽说《山海经》中记载过有翅膀的龙，但大多数国人也都没太在意这点）。

除此之外，国内电影市场与国外存在诸多不接轨的地方。我们有自己独特的行业规则，在一些技术方面也难以与国际接轨。在欧美国家，大部分电影公司的工作流程高度统一，相关的法律流程也是如此，从编剧合约、导演合约，再到与投资方的合约等各种法律文件，都有一套固定的规范。

相比之下，国内电影行业在这方面就显得较为随意，这主要是因为我们还没有形成像国外那样完整的工业体系。比如，涉及交易时，相关的文件和合同往往不太规范，而且都是中文版本，外国买家拿到后无法直接使用，还需要翻译成英文，这无疑增加了交易的难度和成本。

三

在《大圣归来》成功之后，冯奕并没有停下脚步，他开始探索更多的可能性，也在寻找下一次机会。

在影视行业闯荡多年，冯奕积累了丰富的经验，也越发敢于尝试新的领域。一次偶然的机会，他再次抓住机遇。2020 年，冯奕首次独立制作的网络大电影上线，这是他的又一次大胆尝试。

时间回溯到 2019 年之前，那时，国内网大的市场可谓一片繁荣，充满了无限商机。有一次，冯奕在国外的电影市场上，偶然看到一部关于许多恐龙的片子。当时的他，因为有着动画制作的背景，所以关注点并没有放在剧情上，而是一下子被片中的恐龙吸引住了。他看着屏幕里栩栩如生的恐龙，心里不禁感叹："这些恐龙做得可真好啊！"以至于片子都没看完，他就迫不及待地去询问了制作成本。这一打听，让他敏锐的商业嗅觉又一次察觉到了潜在的商机，也为他后来独立制作网络大电影埋下了伏笔。

当时，国内的技术和资金条件有限，根本达不到那部恐龙片子所呈现的制作精度，想要复刻那种效果，成本更是难以估量。所以冯奕一回国，就一头扎进拉投资的事情里。他心里非常清楚，这是个难得的机会，绝不能错过。

那时，他的公司规模不大，算上他也就 5 个人，公司的现金流紧张得很，运营状况也不理想，就像一艘在暴风雨中飘摇的小船。但冯奕不是轻易会被困难吓倒的人。

在国外看到那部恐龙片子后，他认定这是个难得的机会。回国后，为了拉到投资，他四处奔波，想尽各种办法，终于成功拉来了两个投资人。有了资金支持，片子才能顺利开机。

经过一番权衡，冯奕决定把整个片子外包给美国团队。毕竟他们在恐龙特效制作方面经验丰富，能实现冯奕心中的构想。随后，冯奕带着资金和几个中国演员奔赴美国，全程跟进拍摄和制作。

那段时间，打开朋友圈，总能看到他分享的拍摄和制作花絮，看着他在异国他乡忙碌又充满干劲的样子，大家都能感受到他对这部片子的期待，也让我们更加好奇。

等到成片出来，着实给了大家一个惊喜。没想到，冯奕不仅是这部片子的出品人、制片人，还在里面客串了一个角色。我看到成片的时候，都惊呆了，还发现这家伙不知道什么时候跑去开了双眼皮，整个人看起来精神了不少。

如今再看，冯奕无疑是个精明的商人，可每当聊起那部网络大电影，他都会略带感慨地跟我说：“唉，现在想想，当初还是考虑得太简单了，那部片子更像是个批量生产的商品，花的心思还是不够。”

我打趣道：“哟，还挺有觉悟呢，少年！”

其实，中外合拍片一直都绕不开中西文化差异这个难题，这部片子也不例外。很多地方因为文化差异，显得格格不人，必须得改。可这一改，麻烦事儿就接踵而至，再加上当时又碰上了疫情，真是祸不单行。

这片子是 2019 年 7 月开拍的，开拍前美方写的剧本，翻译过来后，问题就来了，根本过不了审。故事本身倒挺简单，讲的是一个家境贫寒的大学生，为了凑齐学费，靠打游戏赚钱。在游戏的虚拟世界里，他和恐龙战斗，还帮助了不少人，有小孩、女人，还有失业的中年人。但就是这么个故事，一开始就卡在了一个关键节点上。相关单位反馈，游戏部分的内容得更具正能量，毕竟中国有完善的学生补助机构，不能把学生描绘得如此窘迫。冯奕这下可犯了难，心里直嘀咕：“这可怎么办？”好在经过和美方团队多次沟通、磨合，剧本总算是通过了审核。

说起来，这部电影的诞生过程也挺随性。冯奕就是看到别人做了类似的恐龙题材作品，觉得自己也能做，就一头扎了进去。从剧本创作开始，基本是美国团队负责完成，中方主要负责出资。冯奕当时想着，找到靠谱的公司和导演，这事儿应该就能成，那就放手干吧。毕竟网络大电影投资不算多，他想着赶紧做完上线，就能见收益了。哪能想到，疫情突然暴发，各种麻烦事儿一股脑儿地全涌了过来，让这部电影的制作发行之路变得无比坎坷。

这部电影制作过程中，中西文化差异带来的问题可不止剧本这一处。就拿导演对演员表演的要求来说，冯奕考虑到影片主要面向国内市场，所以找了不少演员，其中就包括在美国的华裔，想让他们来出演主要角色。他还特意从国内带了两位演员过去，其中一位是出演过《功夫》的释彦能。冯奕觉得，影片里怎么着也得有一定比例的中国演员，这样更能贴近国内观众。事实证明，这些演员都特别配合，整个拍摄过程也算顺利。可谁能想到，在拍摄过程中，冯奕被美国人吃苦耐劳的精神给惊到了！

冯奕带着中国演员到美国后，想着住宿条件起码得说得过去吧。美国团队帮忙找的是快捷酒店，虽说不是什么豪华酒店，但胜在干净整洁，环境也还不错，大家住着也还算舒心。冯奕原本计划拍摄20天，行程也都是按照这个时间安排的。可到了才发现，美国人拍电影，周六、周日是铁定要休息的，一个星期就工作5天，四周才算一个月的工作量，最后竟然拍了一个月，这可大大出乎他的意料。

拍摄期间，华人和华裔演员都住在酒店，可外国的主要演员和次要演员们住的地方，那条件简直让人不敢相信。电影大部分场景在一个国家公园拍摄，那里有森林、有沙漠。外国演员们住的地方像行军时的临时军营，不是帐篷，而是一个巨大的类似厂房的建筑。冯奕只在外国电影里见过这种场景，现实中看到还是头一回。

这地方四面透风，窗户没有玻璃，里面是上下两层的床。而且这地方在公园里是免费的，来这儿的背包客都能住。冯奕觉得条件太简陋了，就像个养牛的棚子。男男女女的演员们都挤在里面，而且，这里连专门洗澡的地方都没有，只能在公共卫生间凑合一下，要多不方便就多不方便。

相比之下，冯奕带的中国演员、美国的华裔主要演员，还有导演和编剧都单独住在酒店，而美方的其他演员，以及一些灯光师等其他工作人员都住在公园里的那个“简易棚”里。

冯奕身兼数职，既是出品人，又是制片人，后期还负责发行和宣传工作。他的职责就是提出要求、控制预算，在预算不变的情况下，剧组会有专人负责解决各种问题。虽说冯奕对美国人能忍受这样的住宿条件感到十分震惊，但毕竟身处国外，他也不好意思多问。一想到那地方在野外，还有各种各样的动物，虫子、蛇什么的，他都不敢想象住在里面会是什么感觉。

后来我打趣冯奕，问他在片子里出演角色是不是给自己谋福利，“夹带私货”了。他连忙解释说：“这真的是赶巧了，主要是为了节省成本。因为相关部门要求影片要有正向的舆论引导，所以片子里需要加一些情节，顺势就多了个新角色。”一开始这个角色的戏份还挺多，冯奕拍了不少片段，不过最后成片的时候剪掉了好多。

说到影视后期制作，冯奕也不得不承认，从国际水准来看，美国和加拿大确实技高一筹。他们的制作价格还是很具性价比的，关键是经验丰富，做出来的效果就是不一样。

还记得有一年，百无聊赖的我窝在家里，在网上随意翻找着电影，最终点开了一部美国影片。影片开场，映入眼帘的是一张张陌生的面孔，里面的演员我竟一个都没见过，本以为是一部小众又无聊的片子，可随着剧情徐徐展开，我竟然被吸引住了。

从开篇到结尾，都干脆利落，整部电影的节奏把握十分成熟。从镜头画面到演员表演，每个细节都处理得恰到好处。让人不得不感叹，这电影制作的成熟度真高。当时我就想，要是再换上几个家喻户晓的明星，这部电影保准能成为一部票房大卖的爆米花电影。

时光悄然流转，到了疫情防控期间，大家都被困在家中，冯奕也不例外。那段时间，他常常宅在家里，闲暇时就打开奈飞，沉浸在各种影视作品的世界里。

奈飞上有许多小众影片，一看就成本很低，但制作却相当用心，剧本写得极为精湛。按照国内的行情，同样的投资出来的成品，远不及他们的效果，这是我们不得不承认的差距。

西方在影视领域已经深耕多年，长时间的积累让他们拥有了深厚的底蕴，无论是技术、经验还是人才储备，都远超我们，基础知识更是扎实得没话说。就拿给《大圣归来》做英文配音的经历来说，冯奕再次深刻体会到美国影视工业体系的完善程度。

为了给片中的小和尚配音，他们找了一个四五岁的小孩。在美国演员工会的严格规定下，剧组必须聘请一位专门的老师时刻照看这个小孩，而且对小孩的工作时长也有明确的限制，绝不能超时工作。冯奕得知后，心里不禁感叹，这又得多花一笔开支啊，这工会管得可真细致！再看看国内的情况，就好像还处于比较自由散漫的“野生”状态，在规范化和标准化方面，还有很长的路要走。

从剧本创作环节来说，好莱坞电影剧本格式高度统一且规范，每个情节的作用、起承转合都清晰标注，行业遵循统一标准，工作效率高；相比之下，国内在这方面的规范程度还有待提高。

在影片筹备与制作流程上，国外制片方会在各类电影市场活动中提前公布拍摄计划，比如，筹备《饥饿游戏 1》时，会明确编剧、导演人选，已签约和正在洽谈中的明星阵容，并定期更新剧本进度，在市场良好时，仅凭剧本展示就可能达成交易；而国内如今多在成片出来后才进行购买。随着项目的推进，国外影片会在不同的电影节展示不同的阶段成果，如戛纳电影节会告知开拍和预计拍摄周期，多伦多电影节则放映实拍片段，最终影片完成后，会在特定展映场合播放全片。不过，这些展映通常只对受邀人士开放。《饥饿游戏 4》完成制作定档上映后，冯奕就受邀前往香港，在英皇电影院的专属影厅观看了全片。国内在这方面的流程和展示方式也与国外存在差异。

在美国，一部电影从筹备到成片，往往要历经一两年时间，而具体时间会因电影类型和制作复杂度而有所不同。像狮门公司这类出品方，从剧本创作初期，他们就会与业内人士保持沟通，冯奕甚至能提前知晓他们明年的拍摄计划。但像华纳出品的影片，由于直接对接中影，像冯奕这种单打独斗的独立发行公司，很难参与到购买环节。

话说回来，冯奕为了制作那部恐龙题材的网络大电影，着实经历了一番波折。片子还没卖出去，公司账户就见底了，偏偏又碰上疫情。他的一位搞金融的投资人，眼看片子短期内无法上线盈利，发不出员工工资，便果断决定遣散员工。在商言商，金融投资领域就是如此现实，一旦无利可图，合作便戛然而止。

员工遣散后，冯奕和剩下的几个人转为不坐班的工作模式，有事再联系，这样一来倒是节省了不少成本。这部电影投入巨大，回款周期漫长，加上疫情导致整个电影行业停滞，在这段艰难时期，他逼着自己学会了看财务报表，也更加关注产品的各个环节。

如今，冯奕投身独立电影发行领域已有十几个年头。他能在这个竞争激烈的行业一路前行，是凭借着果断勇敢的冲劲，和胆大心细的特质。遇到问题，他不纠结、不内耗，第一时间想办法解决。需要什么，就学什么；缺什么，就补什么。没有门道就先摸索门道。

疫情过后，电影发行行业经历了一次大洗牌。早在2017年，不少电影公司便已显颓势，一路下滑。2019年末至2020年初，疫情的冲击如一记重锤，让电影行业陷入绝境。电影院纷纷歇业，新片积压无法上映，整个行业仿佛被按下了暂停键，从业者们都在苦苦支撑。

随着疫情逐渐受控，电影行业开始复苏，新公司如雨后春笋般涌现。但老牌电影公司依然占据主导地位，曾经活跃的小型发行公司，大多没能熬过这场寒冬，彻底消失在市场中。就连一些大型发行公司，内部也在进行激烈的变革与调整，不少曾经声名远扬的大公司，现在也只是勉强维持生计。

如今，发展较好的发行公司都具备线上线下协同的能力。线上通过各类平台牢牢把控销售渠道，线下积极开展宣传推广。毕竟，电影制作完成后，只有成功推向市场才能实现盈利，这两个环节缺一不可。

在点映活动方面，因工作原因，我有幸参与过几次。每次看到导演带着主创团队，马不停蹄地奔波于各地宣传，行程满满当当，还通过直播连线异地点映，他们为让电影被更多人看到所付出的努力令人动容。然而，票房与电影质量并不总是成正比，很多质量上乘的影片，普通观众却鲜有所闻。这里面原因复杂，门道众多，外行人很难了解。

相比之下，国外电影的点映活动较少。经过长期的发展与积累，他们已尝试过各种宣传发行方式，清楚知晓哪些方法简单高效。而我们还处于摸索阶段，在很多方面还有很长的路要走。

就拿去年暑假我看的两部动画电影来说，从画面制作到故事剧情，都能看出主创团队的用心，质量相当不错。可遗憾的是，它们的票房成绩却十分惨淡。与导演交流时，能深切地感受到他们对动画的热爱，以及怀揣的梦想与使命感。他们为制作好作品付出诸多努力，却因影院排片极少，导致很多人根本不知道这两部优秀动画的存在。

在这样的行业环境下，冯奕将主要精力放在动画电影发行上。动画电影有相对固定的消费群体，受众明确。加之他的公司规模较小，资金有限，无法像大公司那样豪掷千金投资大片，所以只能在自身能力范围内，挑选一些体量较小的动画片进行投资发行，以此维持公司运营。

冯奕一头扎进动画发行领域，像个寻宝人，在茫茫片海里靠着自己的眼光选片。在这风云变幻的电影圈里，一路开疆拓土，慢慢地站稳脚跟。

四

生活中的冯奕，是一个情感细腻、重情重义的人，与工作中雷厉风行的形象截然不同。北京这座城市的多元文化氛围，深深影响了他的艺术品位和生活方式。他对各种艺术作品有着独特的感悟力，我们做同事的时候，他曾经因为一部台湾电视剧《孽子》感动得落泪。这部剧探讨了社会、家庭和人性等深层次议题，结局中，人物在现实中的抗争与妥协深深触动了冯奕。他不仅自己沉浸在剧情中，还热心地将这部剧推荐给身边的朋友，分享自己的感受。

在朋友聚会时，冯奕总是那个能活跃气氛的人。他说话幽默风趣，性格阳光开朗，他很会夸人，如果看不顺眼，也很会损人。他是一个很务实也很真实的性情中人。

北京不仅是他事业发展的舞台，也是他情感寄托的家园。这座城市的文化底蕴和包容性，让他在忙碌的工作之余，能够找到心灵的慰藉。

几年前，我应邀去北京人民广播电台做了两期直播节目，话题是关于中国影视动画的，我分别邀请了两位业内的老朋友一起去参加，其中一位嘉宾是晓雯，他是我和冯奕共同的老朋友。在节目直播前，我广而告之身边的人，所以冯奕在广播里听了节目。晚上 9 点多下播之后，冯奕告诉我他听得很激动，勾起了很多回忆，他想约大家出来聚一聚。

于是，在炎炎夏日的某个夜晚，我们六个老同事分别从西三环、北五环、南三环出发，聚到了一起，几个大龄青年开始忆往昔，回忆当年我们在马甸桥附近的小公司里的欢快日子。

那时，我们都很年轻，公司也不加班，老板对我们也还不错。后来，我们纷纷撤离去了更好的地方，如今这些人都是行业内资深的人了，只是有人去做电影，有人做游戏，有人做教育，有人去拍电影，还有个当时年龄最小的同事，去了非洲做起了生意。

那家小公司给了我很多很美好的记忆，比如，韩国老板很温和，前台大姐很友善，而许多同事至今还在联系。最重要的是，曾经那里的一位才华横溢的老同事，多年后，变成了我的老公。那家小公司后来也扩大了规模，现在如何我们不知道。大概十年前，冯奕从北京飞去首尔，参加一个电影项目推广活动，竟然还撞见了昔日的韩国老板。冯奕说老板还是那么温和，老板娘依旧那么漂亮。

那天的相聚源于我，发起人是冯奕，但那天谁也想不到，原本开开心心的聚会却送给了冯奕一个“大礼”，还是在他准备办婚礼之前。

聚会结束后，我们看到晓雯的摩托停在路边，冯奕像个孩子般好奇地想要感受一番。他兴奋地跨上摩托，却没想到不小心踢倒了侧支架……一切来得太过突然，摩托车砸在了冯奕的腿上，他的左膝盖粉碎性骨折。

那天的夜晚变得兵荒马乱，我看着他变形的膝盖觉得很是惊悚，但是他非常地淡定，依然笑着露着小虎牙，还在等候救护车的间隙想着给保险公司打电话，他刚刚买了份医疗保险，还不到一个月这就用上了。那次意外让他吃了苦头，也让他从此见到摩托就有心理阴影。

手术进行得很顺利，但他的身体还没有完全康复时，早就定好的婚期就到了。于是，那场婚礼的新郎是拄着拐杖出场的。他和爱人对婚礼仪式本就没什么执念，更像是在妈妈的再三催促下，才勉强操办了这场婚礼。

婚礼前一天，他们才匆匆赶到市场，随便挑了一对假戒指。皮带也是临时购置的，至于身上的西装，不过是之前穿过的。在他看来，这些都不必讲究，凑合着就行。那时的他满心觉得，婚礼无非是个收份子钱的由头，并没什么实际意义，很多仪式都是如此。

然而，岁月是最好的老师，随着年龄渐长，冯奕的想法有了翻天覆地的变化。他逐渐意识到，每一样事务的存在都有其意义，对人的情绪和整个社会的管理都有用处。人在特别难过或者特别高兴的时候，都需要一个仪式去总结。

就拿婚礼来说，在那盛大而幸福的氛围里，新人与宾客共同沉浸在喜悦之中，尽情释放着内心的欢愉；而葬礼则是人们宣泄悲伤的地方，当亲朋好友齐聚一堂，回忆逝者的过往，泪水奔涌而出，那份沉重的哀伤也随之慢慢消散。如此一来，情绪便不会在心底淤积。每一个带有形式感的仪式，其实都蕴含着深远的意义。

促成他这一意识转变的，是一位好友的意外离世。那段时间，他和爱人陷入了无尽的悲痛之中，只要一提起好友，冯奕的眼眶就会瞬间泛红，泪水止不住地流。

直到参加好友的葬礼，现场来了好几百人，大家怀着沉痛的心情，一一讲述着好友生前的点点滴滴，整个追悼会哭声一片。在那次痛哭之后，冯奕再提起这件事，心中的悲痛似乎减轻了许多。也正是从那时起，他由衷地感慨：仪式，真的很有必要。

冯奕和我对坐在咖啡馆里，暖黄的灯光洒在桌面，咖啡的香气袅袅升腾。他缓缓开口，讲述着那些过往的故事，有的我早有耳闻，有的却是初次听见。当谈及朋友离世，还有朋友不顾家庭反对，毅然娶了身体残疾的姑娘时，他的眼眶渐渐泛红，泪水夺眶而出。他本就是个情感细腻的人，作为一个很好的倾听者，他总是会为朋友的故事深深感动。初见这个大男人落泪，我一时有些不知所措，但听完这些故事的原委，我深深理解了这份真挚情感的难能可贵。

冯奕的事业如今早已上了正轨，工作中的他雷厉风行，话语简洁且直击要害，精明干练得很，面对各种事务都能理智应对，从不会做赔本的买卖。可生活里的他，却是个情思满溢的文艺青年。他热爱各类文艺作品，常常沉浸其中，很轻易就会被那些或喜或悲的情愫打动。

不知不觉，天色渐晚，窗外的城市华灯初上。他看了看时间，说该回家了。他来自东北，为了梦想背井离乡，来到北京闯荡。这座充满机遇与挑战的城市，没有辜负他的一腔热忱。在这里，他抓住了一个又一个机会，一步一步实现了自己的梦想。

北京给予他的，远不止一份工作、一次次机遇这么简单。它为冯奕搭建起广阔的发展空间，提供了与国际接轨的优质平台。在这里，他接触到前沿的理念和先进的技术，视野不断拓宽，经验也越积越厚。北京的文化氛围和多元环境，让他不仅在事业上站稳了脚跟，也在生活中找到了归属感。

也只有在北京这座城里，他才能如此贴近自己的梦想，如此近距离地触摸世界。北京不仅是他的事业起点，也是他情感的归宿。这座城市见证了他的成长，也承载了他的梦想与希望。

未来的日子还长，相信北京会继续见证他的成长。北京已经是他的家，而他也会继续从这里出发，再次去往世界各个地方。

来自冯奕的留言：

晒够了加州阳光，看够了纽约秋叶，回到北京真是别有一番风味啊，拍《寂静岭 3》能省一大笔特效钱。

一点豁达心，千般小确幸

本期主角

鹏宇

资深 CG 动画专家、动画讲师、CG 创业者

多才多艺的斜杠中年

一

一个人要经历多少事，才能在面对生活的种种困难，依然保持乐观豁达？鹏宇，便是那个用亲身经历给出答案的人。他的故事，没有什么惊心动魄的桥段，却充满了生活最真实的烟火气与坚韧。北京这座城给了鹏宇机遇，也给了他希望。

2024 年夏末的一天，在北京房山的一个复式公寓，在厨房里，鹏宇一边熟练地准备中午的烤肉，一边跟我聊天。他从小就有个梦想，想开个小饭馆，卖饺子或者火锅。

这个想法他很小就有了，他有个姑姑，从一个小饺子摊开始，一直做到当地的餐饮土豪。鹏宇说，打小就知道他们一家开店非常辛苦，但是现在，看看人家走上人生巅峰，说不羡慕那是

假的。

鹏宇长大后，没有开小饭馆，但是他有一手可以撑起小饭馆的厨艺。

很快，鹏宇搞出一桌子地道的东北营口烤肉，我们就着烤肉和小酒，相谈甚欢。我不知道，鹏宇说的随便吃点，竟是吃烤肉，但他说：“在我们老家，烤肉是一件极其平常的事。”

大家习惯在路边或楼下烤肉。夏天蚊子多，就围着烤肉插一圈蚊香。以前住平房是这样，现在住楼房了，这习惯也没改。要是不让在家门口烤肉，在当地人看来，就跟不让开火做饭没两样，是会引发矛盾的。”

我和鹏宇认识十几年，他人缘极好，能帮忙的事儿从不推托，他说他一直觉得，能给朋友帮上忙，自己也很开心。

鹏宇是个好朋友、好丈夫、好父亲。他自己开玩笑说：“我这个人做朋友可能挺好，但要真的一块过日子，也没那么好。”的确，人无完人，就他爱喝酒这一项，或许会劝退一些姑娘。但他很朴实，也很顾家，几乎家里的一切家务，和照顾孩子的很多事情都由他承担。

2023 年开始，种种原因，北京居家办公成为潮流，他也一样，但是他更高级，他在家附近租房子做办公室。他说要把工作和家分开，并且一定要给自己一个独立的空间，让自己静下来。

鹏宇出生在东北营口，一个海滨小城，他有一大家子亲戚。城市没有多大，亲戚之间住得都很近，平日里，亲朋好友也经常会聚在一起，或许，是这一点造就了鹏宇善于交际、更善于喝酒的性子。

鹏宇肚子上有个大大的、狰狞的疤痕，从左侧胃部向下到肚子的位置，长长的一大条，有十几厘米。那是他婴儿时期留下的。

鹏宇刚出生一周左右，吃饱就吐，妈妈带他去医院，发现是幽门狭窄。那是1982年的夏天，小地方医疗条件有限，大夫说孩子太小，不是特别乐观。但是鹏宇妈妈坚持一定要治疗。鹏宇出生才20天就做了手术，于是留下了这条疤，他活蹦乱跳地活了下来，那条原本只有两厘米的小疤，也随着他一起长大了。

仿佛在婴儿时期，乐观、豁达的种子，就随着那场手术一起埋进了他的身体里。

小时候的鹏宇是个活泼外向，甚至有点霸道的小孩儿。如今每次回老家过年，小学同学凑到一起，还会提起，他小时候总爱惹事儿，经常有愤怒的妈妈，拎着一脸委屈的儿子找上门来。可是鹏宇三年级时，父亲不在了，鹏宇一下子就老实了。

父亲去世的时候，鹏宇一滴眼泪都没掉。好多年后，他看到一句话："有的时候，伤心并不是说你要号啕大哭，可能只是在安静的时候，当那件事不经意间在脑海中浮现，一种酸涩与怅惘之感才会悄悄来袭。"当时，鹏宇的妈妈也没在人前痛哭，根本哭不出来。鹏宇说，电视剧里的那种嗷嗷大哭，好假。

鹏宇并没有一夜长大，但是一直被保护的孩子心里明白，那层保护没有了，他本能地被迫低调。之后上学的那几年，他都不爱在人前提自己的父亲。学校要登记家庭关系时，他也是张不开嘴说，爸爸去世了。那种憋着的感觉很难受。这种感觉直到15

岁继父的出现，才慢慢好起来。

鹏宇初中时很中二，看动画片《大力水手》，大力水手胳膊上有个文身，图案是一个船锚。他觉得文身很酷，就想在自己身上也弄一个一样的。他头脑一热，就直接拿着小刀往胳膊上划，血珠渗出来，刻好图案，滴上蓝色的钢笔水。可刚弄好，酷不过三秒，他就后悔了。回家在浴室里拿着搓澡巾使劲搓，边搓边想，自己真是傻到家了。可就是从那时候起，他开始对文身感兴趣了。

读大学时，鹏宇零花钱不多，但他和室友有个雷打不动的约定：每周都要去学校门口的小饭馆，点上一盘西红柿炒鸡蛋、一个烤鸡架、两碗米饭，再配上两瓶啤酒。那段大学时光，在简单的餐食和与室友的谈天说地中，充满了青春的快乐与美好。

二

时光匆匆，毕业后的鹏宇在生活中展现出越来越多让人意想不到的一面。

认识鹏宇这么久，慢慢发现，他很会干活儿，连给厨房换水槽，在我看来很麻烦的活儿他都自己干了。但我真不知道，他还会修手机。有一天，他微信回复消息比较慢，后来给我看了他碎屏的手机照片，他正在等零件到货，他要自己修。但我更想不到的是，修手机曾经是多么有仪式感的事。

鹏宇大学毕业后第一份工作，在当时看着特别高大上，就是修手机。

2002年毕业前，一家沈阳的通信公司来校招，学计算机编程的鹏宇被选中，就这样，在他毕业前，就开始从事摩托罗拉手机售后维护工作。那时修手机流程烦琐，顾客要排号、填表格，手机经传送带送到穿着防静电白大褂的师傅手中……这份工作虽让鹏宇有了收入，但时间一长，他也觉得十分枯燥。

鹏宇刚入行时，只能在一旁看着师傅们操作。师傅一边拆解手机，一边教他。就这样实习了几个月，临近毕业时，鹏宇每个月能拿到600块钱的工资，比他妈妈还多出200块。可时间一长，鹏宇渐渐觉得这份工作实在太枯燥了。

当时，鹏宇的两个发小启明和小鑫都去了深圳。走出东北的大男孩，打开了全新的世界。他们都在深圳受训，学习影视动画制作。培训9个月，学费近2万，着实让他震惊，但发小们的作品又让他眼前一亮，在伙伴们的召唤下，鹏宇跃跃欲试。

但是鹏宇妈妈坚决反对。鹏宇对家里的经济状况并不了解，但在他的印象里，只要他想要的，妈妈向来都是尽力满足他。但这一次，显然不是。

20年前，大部分母亲都不放心孩子远游，要是孩子放弃一份看似不错的工作，那就更难以理解了。在母亲看来，鹏宇没毕业就能有一份收入不错的工作，实在难得，放弃太可惜了。而且去深圳不仅学费颇高，离家又远，种种因素加起来，让母亲坚决反对他的决定。

但鹏宇有自己的想法，他看到发小在深圳学完后，留在公司实习，每月能拿3000元工资，这巨大的差距，让他铁了心要去深圳。

鹏宇不顾母亲反对，毅然辞去工作。母亲见他如此固执，一气之下断了他的经济来源。由于亲生父亲早逝，无奈之下，鹏宇只能去寻求爷爷的帮助。

鹏宇揣着爷爷给的5000块钱，告别了东北老家。在离家100多公里外的沈阳，他踏上了南下的绿皮火车。旅程漫长又颠簸，整整28个小时后，火车终于抵达广州。好在广州有同学接应，和同学会合后便一同前往深圳。当鹏宇抵达深圳火车站时，十几个同学早已等在那里，大家的热情让鹏宇心中满是温暖，也让他对在深圳的新生活充满了期待。

但是，鹏宇交不起昂贵的学费，只能先去打工赚钱。在深圳，他先后换了两次工作，工资都比在东北时多出了1000多块。在第二家公司时，他的工作原本是制图，可入职第三天，就被老板拉去一个饭局。第二天老板就告诉他："别制图了，就你这个酒量，制图浪费了，去做销售吧。"

就这样，他的工作性质彻底改变，鹏宇开启了一周喝六天酒的魔鬼工作模式。每天下午两三点上班，一直忙到第二天凌晨两三点下班。这样的日子持续了一年多，他也没攒下多少生活费，身体也越发疲惫。那一年，鹏宇20岁，那一年，鹏宇还比较清瘦，戴一副眼镜，浑身透着青涩，与如今坐在我对面，如山般沉稳的他判若两人。鹏宇心里清楚，喝酒不可能成为长久的工作，辞职的念头在他心中越来越强烈。

2004年清明节，鹏宇迎来了人生中又一件大事——亲爹的骨灰下葬。他暂别深圳的葱郁与温热，回到营口老家，迎来了漫天飞雪。这一趟，他还特意给妈妈买了一部最新款的诺基亚手机，这是他第一次用自己挣的钱给妈妈买礼物。办完父亲的后事，鹏宇准备回深圳，妈妈看着他，终于忍不住说：“你要是真想去学，妈给你凑点钱吧。”妈妈迟来的话让鹏宇心里一暖。

父亲的骨灰顺利下葬，鹏宇心中的一块大石头落了地，鹏宇带着妈妈的支持，回到深圳专注学习，而这段学习也彻底改变了他的职业轨迹。

三

在深圳学习动画的 9 个月，对鹏宇来说，日子紧张又充实。每天一睁眼，他就开始做模型，时间被排得满满当当。即便如此忙碌，他还是习惯在晚上喝点小酒。他倒不是嗜酒如命，只是那微醺的感觉，能让他在疲惫的学习后睡个好觉。在深圳的出租屋里，曾有张照片定格了一地的酒瓶，那都是他一天一瓶积攒下来的。

高昂的学费让鹏宇的钱包迅速见底，多亏了小鑫和启明的支援，他才得以坚持下来。小鑫准备去北京发展时，大方地把一张工资卡留给了他，告诉他：“省点花，够你三个月生活了。”这份年少时共患难的情谊，鹏宇记一辈子。一直到今天，发小们的关系依旧铁得没话说。

21 岁的鹏宇，全身心地扑在学习上，既没有女朋友，也没什么其他消遣。闲暇时光里，他最爱做的事，就是搬一箱24瓶装的啤酒到天台上。那时候的深圳，一到晚上，天台上满是年轻的身影，大家聚在一起，看星星、赏月亮，聊天唱歌，再喝点小酒，常常玩到天亮。鹏宇沉浸在这样的时光里，暂时忘却了学习的压力和生活的烦恼，尽情享受着这份独属于年轻人的惬意与洒脱。

在深圳的那段日子，还有一次经历，让鹏宇这辈子都不想再来一次。在学习期间，鹏宇被前老板拉去参加过一场联合年会，年会上有个“拍酒”环节，堪称全场焦点。台上摆满白酒，台下众人跃跃欲试，每喝下一杯酒就能赢得对应奖金，一开始一杯50元，几轮下来大家觉得不过瘾，直接把奖金提到了一杯100元。轮到鹏宇前老板上台时，有人喊出18杯，现场瞬间安静，毕竟这意味着要一口气喝下1斤8两的白酒。这时，看热闹的同事纷纷撺掇鹏宇，前老板也在台上鼓动，在众人的怂恿下，鹏宇咬咬牙应下。可紧接着，又有人喊加3杯，也就是21杯，整整2斤1两的50度的白酒！鹏宇深吸一口气，一鼓作气将两大扎啤杯的白酒一饮而尽，台下顿时响起一片叫好声，老板也当场数出2100元。

可这酒喝得太猛，刚坐下鹏宇就感觉胃里一阵翻江倒海，他赶紧冲向厕所，吐得昏天黑地。从那以后，大概有三年时间，他一闻到白酒的味道就犯恶心。

年会结束后，鹏宇请大家去吃火锅、喝啤酒，花掉了一部分奖金，最后兜里还剩1000多元。如今40出头的鹏宇回想起当年，不禁感慨：“那时候真是年轻气盛、胆子大，现在可不敢那么干了。”

那天，深圳的夜晚依旧灯火辉煌，到处弥漫着年底庆祝的喜悦氛围。22 岁的鹏宇紧紧攥着这笔钱，心里满是欢喜，一方面是因为，自己有钱了，另一方面，他觉得自己这次特别勇敢，不再尿了。

他想起自己小学三年级时，父亲意外去世，从那之后，他变得很怂，性格也收敛了许多。直到上大学离开家，他学会了抽烟喝酒，发现酒后那种微醺的感觉，能让自己胆子变大，仿佛有了面对一切的勇气。

谁的青春没有迷茫和不安呢？在成长的过程中，大家都曾试图用各种方式隐藏内心的脆弱，努力在新环境里站稳脚跟。但随着时间的流逝，那些曾经以为跨不过去的坎，都成为身后的风景；那些刻骨铭心的伤痛，也慢慢被岁月抚平。

深圳，对于鹏宇而言，是他初入社会的试炼场。在这里，他经历了工作的起伏、学习的坚持、友情的温暖、经济的窘迫，也收获了成长的蜕变。那些日子，见证了他从青涩走向成熟。

四

在深圳摸爬滚打了两年多，他经历了太多，也成长了太多。然而，命运的齿轮开始悄然转动，将他带向了另一个全新的城市——北京。

2005 年，鹏宇第一次踏入北京这座城。对于鹏宇来说，彼时的北京，既陌生又充满诱惑。那时的上地，和如今以电子信息产业为主导的综合性高科技产业区截然不同，到处一片荒凉。地铁13号线刚运营2年，那附近连饭馆的影子都难寻。大晚上的，鹏宇和小鑫想找个地方喝酒，好好放松一下，可走了好远，愣是没找到合适的地儿。最后，两人竟坐在上岛咖啡里喝起了啤酒。鹏宇心里直犯嘀咕："这北京也太大了，想找个喝酒的地方都这么难！"这便是北京给他的第一印象，大得让人有些不知所措。

时间来到2006年5月2号，鹏宇再次来到北京。这次，他在北京站下了火车后，转乘13号线地铁前往回龙观。启明早已在回龙观落脚，在地铁站附近租好了房子等着他。

可当鹏宇到达时，眼前的景象让他不禁皱起了眉头。回龙观很荒凉，和他第一次来北京时见到的上地一样，甚至，连路灯都没有。偏偏那天晚上还下起了雨，四周黑乎乎一片，鹏宇每走一步都深陷于泥泞之中。他回想那天，忍不住嘟囔："哎呀妈呀，这路太难走了，老半天才到地方。"

在北京安定下来后，鹏宇开始忙着投简历找工作。幸运的是，他找到了一家位于798的公司。每天，他都要乘坐13号线地铁到东直门，再换乘公交前往大山子的798。到站后，还得步行好长一段路才能到公司。不过，让他感到惊喜的是，公司里有很多熟人，都是曾经在深圳的校友。这些熟悉的面孔，让鹏宇在这个陌生的城市里，莫名地感受到了亲切感和归属感。

在2000年至2006年这段时间里，电视栏目包装和三维广告制作领域异常活跃，角色动画在技术层面也逐渐取得进步。尽管当时被大众熟知的作品寥寥无几，但广阔的市场空间，就像一块巨大的磁石，吸引着无数从业者投身其中。一些专业院校敏锐地捕捉到了这一趋势，纷纷开设与三维动画相关的专业和课程，与此同时，社会上也如雨后春笋般，冒出许多三维动画培训机构。越来越多的企业投身这个新兴行业，虽然产业链还不够完善，可这丝毫没有影响它蓬勃发展的势头。

鹏宇从深圳 IDMT 培训结业后，凭借所学的专业技能，成为众多公司争抢的香饽饽。那时，在这个行业里上班的人，每天都像上了发条一样，脚步匆匆却又满心欢喜，因为他们知道，自己正参与见证一个行业的崛起。

2006 年底，鹏宇加入了一家在业内名气响当当、不断扩张的公司，我们也因此成了同事。新公司位于花园桥，为了上班方便，鹏宇从北五环的回龙观搬到了西三环的昆玉河边。这一搬家，帮他解决了大麻烦，每天通勤花费三个多小时的日子，终于结束了。

从那以后，我和鹏宇一起共事了整整八年，这八年里，我们一起见证了彼此的成长，也共同经历了这个行业的起起落落。

那时候，公司在许多一线城市建立分中心，北京作为总部，要经常派人前去支援。很快，鹏宇就成了公司外派出差的主力。

那时的公司，充满着朝气，大家相处都很融洽，一切都是积极的、向上的。而那时，出差机会堪称“香饽饽”，去的都是美丽的城市，补贴还不低，对于没成家、没牵挂的大家来说，既能工作又能顺便旅游，谁能不心动呢？好多人都争着抢着要去。

经常出差的鹏宇每次回来，总会带些特产回来分给大家。

他还会分享出差的趣事，比如，在上海，他和同事在宿舍里吃大闸蟹，吃不完的就拆了蟹腿肉包饺子。这些分享，没少让我们嫉妒。

那时候，公司的团建活动也总是充满欢乐。海鲜，在北京团建时也曾风靡一时，北京南四环的大红门京深海鲜批发市场，规模在京城数一数二。我们部门团建前后去过三次，大家围坐在一起，一边大快朵颐，一边笑闹扯淡。

不过有一次，出了一点小“意外”。那天，男同事们海鲜吃得太多，他们很多人都喝了不少啤酒。到了夜里，男士几乎集体拉肚子。甚至有人拨打了120。

但是鹏宇安然无恙，他从小在海边长大，对海鲜加啤酒早已习以为常，肠胃也适应得很好。多年后，那次团建成了大家的笑谈，每次提起，都能引起一阵哄笑。

回想那些年，真是充满朝气与活力。那时的我们，年轻、有梦想、有开创天地的时机，也有勇闯天涯的勇气。

那时，工资待遇不错，大家能攒下些家底。办公室里的同事陆续开始买房，鹏宇也不例外。南三环的青年公寓，那里有28平方米的小户型，总价不到50万，特别适合单身青年。鹏宇去看房，没犹豫就交了定金，跟买棵白菜一样痛快，买下了在北京的第一套房。

这套房子，不仅是他在北京的一个安身之所，更像是他在这座城市奋斗成果的象征。从那之后，鹏宇的生活似乎进入了一个新的阶段，他在工作和生活中越发得心应手，也让身边的人看到了他更多的闪光点。

五

鹏宇人缘好，跟他相处很轻松，他总是能敏锐地照顾到别人的感受。而且，他好像是个万能超人，不管什么活儿，到他手里都能处理得妥妥当当，我们戏称他是个“宝藏青年”。

突然一天，宝藏青年的女朋友病了，要做开颅手术。消息传开，办公室里的同事们跟着瞎着急。有人担心鹏宇会被女朋友拖累，可鹏宇压根儿就没理会那些声音，他一直陪在患病的女友身边，日日照顾安慰，好在手术一切顺利，不久后，两人便步入了婚姻殿堂。我们都祝福他们，有情人终成眷属，好人一生平安。

然而，生活总是充满意外。大概两年后的一天，在饭桌上，他突然平静地说：“我离婚了。”

消息来得太突然，我愣住了，不知道该说什么。

婚姻的事情，外人不好多嘴，只是出于朋友的了解，觉得鹏宇本应该被珍惜。这离婚背后的故事，令好友们都觉得鹏宇很委屈，他虽然说得很平静，但总感觉，他那因喝过酒，发了红的眼睛里有些东西。

鹏宇身上最让人佩服的就是他强大的抗压能力。不管碰上什么烦心事，在他这儿，几瓶啤酒下肚，似乎就能把烦恼抛到九霄云外。而且，他的爱好极其广泛，总能在自己热爱的事情里找到慰藉，让生活过得有滋有味，远离平淡与无聊。

身为资深动画人，动画制作是鹏宇的谋生手段，但这远远不是他生活的全部。他就像一个隐藏的手工艺大师，会刻章、打银器、做文身、做家具、串手串、做皮具，同时还会吹口琴和弹吉他。这些爱好，他不仅玩得有模有样，还能从中获得满满的成就感。

这些年，鹏宇在动画领域深耕，逐渐成为行业里的老人。后来，我们都离开了原来的公司，可彼此的友谊却从未淡去。深夜刷朋友圈的时候，经常能看到鹏宇分享的生活点滴。有时是一堆酒瓶子，诉说着他在忙碌生活中的片刻放松；有时是他在认真做文身练习，要知道，他可是“半个文身师”——不仅给自己文身，还会帮朋友尝试；还有他制作的皮具，那工艺，拿去售卖，怎么着也能把皮子的钱赚回来。

有一次，他接了个纪录片的活儿。可能是预算有限，到了后期配音阶段，他居然自己上手录制。我好奇地听了听，没想到效果还真不错，挺像那么回事的。

再看看他手上戴着的那个大银镯子，因为他这些年有些发福，现在都很难摘下来了。他笑着说，这是他把这些年收集的银饰家当全都拿出来，融化后自己打造的，妥妥的银匠一枚。他还曾亲手给老婆做了一个折叠桌，木工手艺也相当厉害。

对了，后来，在我们都没注意的时候，他又结婚了。直到他的大胖小子出生，这个消息才传开来。得知喜讯的那一刻，我们满心都为他感到高兴，真心希望他这次能收获稳稳的幸福。

有段时间，除了喝酒、文身是他释放压力的主要出口。随着年龄增长，烦恼也越来越多。那段时间，公司的事务、父母的身体、家庭的琐事，桩桩件件都像沉重的担子压在他肩头。于是，他走进文身店，在胳膊上文了个“三千金”的符号，象征他肩上的三千重担。可隔了几年，他觉得这个符号有点张扬，便又找师傅将整个胳膊文上黑白波浪图案，一条酷炫的大花臂就此诞生。曾经的“三千金”被遮盖，可压力是否真的消散了呢？谁也不知道。

疫情防控期间，大家都闲了下来，鹏宇便在家潜心练习。那阵子，他的朋友圈经常晒文身作品。他曾在文了一摞仿皮后，自己设计了图案，花三十分钟，自己在脚腕文上一朵蓝色浪花。他似乎对浪花情有独钟，仿佛坚信“划船不靠浆，全靠浪”。

后来，鹏宇给一位朋友文了满背，是很酷的赵云图案。这个文身可不简单，鹏宇文了四次才完工，每次都要十几个小时，疼得朋友直冒汗。给朋友文完身后，鹏宇又去北京一家大文身店给自己文了花臂，依旧是墨色浪花。他说，其实就是想借机和文身师交流。一来二去，他们也成了朋友。

那段时间，我们都通过鹏宇深夜发的朋友圈，知道他会文身。只有深夜孩子熟睡，他才有独处时间。也是那时，他开始在外面租房子做工作室，这样既能更高效利用时间，也让自己更自在。

鹏宇生活中还有些独特的习惯。他自称有强迫症，做事循规蹈矩。比如，去某个地方，习惯固定路线，甚至精确到步数，每次都严格照做。东西用完必须归位，家里物品位置不能随意变动，稍有偏差他就难受，他会满是疑问和担忧。现在，他儿子在这方面比他还“严重”。

和鹏宇聊得越多，我心中的好奇就越重，终于忍不住问：“你怎么什么都会啊？”鹏宇笑了笑，眼中闪过一丝怀念，缓缓说道：“可能是受父母的影响吧。”

鹏宇有张老照片，是亲爹在单位年会的表演。照片里，亲爹吹着口琴，脸上洋溢着自信。他说，亲爹不仅擅长口琴，二胡也拉得好，唱歌也很好听。往上数，爷爷也是个文艺人，二胡、箫都不在话下。

在这样的家庭氛围熏陶下，鹏宇对吹拉弹唱充满热情。他还记得小时候，心心念念想要一把手枪，亲爹找来木头，精雕细琢，为他做出一把逼真的玩具枪，还刷上黑油漆。靠着这把枪，鹏宇在小伙伴中威风凛凛，玩得不亦乐乎。

母亲在服装厂做设计师，设计图案纹样，这让鹏宇从小就对画画也产生了兴趣。如今，他还常把吹口琴、弹吉他唱歌的视频分享在朋友圈。他笑着说，这些才艺不过是哄孩子的法宝，或是给自己解压的小妙招。

我们聊天时，鹏宇的工作微信不时地响起，他只能起身去电脑前回复。这时，我注意到桌上的精致香炉，柔和的木香缓缓散开，为屋子添了几分宁静。鹏宇说，这香是用刻章剩下的黄花梨木料磨粉制成，纯天然，独一无二。

鹏宇也很独一无二，他总是对世界充满好奇，凡事都想尝试，很热衷于动手创作。曾自制过收音机，最近，他又迷上了做麻将牌。他还有一台 100 多斤的 3D 打印机，他凭借影视动画 3D 建模的基础，在 3D 打印领域也游刃有余，未来，想创作出更有意思的东西。

这些五花八门的爱好，是鹏宇生活的调色盘。他沉浸其中，享受着独属于自己的悠然时光，自在又满足。在旁人看来，鹏宇似乎永远充满活力，能把日子过得精彩纷呈。

然而，生活不会总是一帆风顺。

六

长久以来，鹏宇在我眼中，始终是个兴趣多样、活得肆意潇洒的人。但人到中年，在他那看似自由自在的生活表象之下，却也隐匿着为人父母才懂的揪心愁绪。

鹏宇儿子今年 6 周岁，名叫韩露，小家伙儿长着大大的眼睛，圆圆的脸盘，模样十分可爱，比鹏宇好看。

曾经，我给朋友的孩子录了童话故事，孩子特别喜欢，我也开心，就把录音链接发给鹏宇，想着给他儿子听听。当时鹏宇没提儿子，只说自己喜欢听。后来我才知道，原来韩露的听力有问题，知道这个消息时，我心里满是愧疚。

韩露小时候特别省心，一岁左右就会说话，从没尿过床，小小年纪就能生活自理，是个十足的天使宝宝。可在幼儿园的一次体检后，老师请鹏宇去了学校。园长和老师严肃地建议他带孩子去医院仔细检查，因为体检显示，孩子听力可能有问题。

在幼儿园里，老师发现韩露有仿说的情况，听不懂问题时，就会一直重复。

鹏宇急忙带着孩子去了北京儿童医院。没想到，大夫初步怀疑孩子是自闭症，这可把鹏宇夫妻急坏了。大夫说得轻松，可家属听着只觉天旋地转。之后，他们又换了大夫，按照大夫的建议，全面检查脑部，CT、磁共振、听力，能查的都查了个遍。最终确诊，孩子患的是听觉处理障碍。这是一种大脑处理听觉信息异常的听力障碍，不是耳朵听不见声音，而是大脑无法正确理解听到的内容。

面对这个结果，医生也没什么好的治疗方案，只建议先配助听器，扩大音量或许能有点作用。可孩子特别排斥，助听器被扔了好几次，一万多块钱的东西，说藏就藏起来。那段时间，鹏宇几乎放下所有的工作，天天带孩子做康复训练，坚持了好一阵子，效果却不尽如人意。助听器配了一年多，孩子还是抗拒。鹏宇多方打听，包括询问有耳部问题的人，最后觉得孩子不爱戴肯定是戴着不舒服。如果真有用，孩子不会这么排斥，大概率是戴上后太吵，对他来说音量并没起到作用，有可能是神经性的问题，导致他的听力有选择性。

鹏宇费了很大劲，托关系找到儿童医院的专家。专家只看了检查结果便说，听力问题和自闭症很少同时存在，如果两个同时存在，就不可能都严重。鹏宇便顺着这个方向继续检查，已经确定听力有问题，又往自闭症方向排查。又一番检查后，确诊孩子是接近于正常的自闭症儿童。

一天晚上，鹏宇发了个捂脸笑的表情，无奈地说："大夫说听力障碍和自闭症很少同时出现，可让我们碰上了。"我太明白为人父母面对这种残酷现实的滋味，就像我小时候因车祸留下一辈子的遗憾，妈妈不知流了多少眼泪。

现在，鹏宇把韩露送到一位退休老师家里，工作日老师会全天照顾，会教孩子小学一年级的知识。鹏宇给我看孩子的作业，写得工整又漂亮。老师说孩子只是不太会和同龄人沟通，不爱说话，但智力没有问题。孩子很喜欢这位老师，这也让鹏宇稍稍松了口气。

鹏宇决定明年9月送孩子去特殊教育学校。他去考察过房山区特殊教育学校，这所学校会根据学生类型分班，教盲文、手语等。我问他："孩子症状很轻，可以上普通小学，为什么不去呢？"鹏宇叹了口气说："上普通小学是可以，但是学校要给他一个评分，根据评分来判定他需不需要一个影子老师。我上过学，也被人欺负过，知道正常孩子沟通不好都会被歧视，就算有影子老师，孩子也难融入，何必为了名声硬待在那呢？"我懂了，这是一个父亲深思熟虑后的无奈抉择。

特教学校所教的内容很生活化，教室按生活场景布置，有邮局、银行、厨房、公交车等。学生根据授课内容去不同的教室，在模拟场景中学习自理自立。学校对面就是房山区特殊教育职业培训基地，相当于这边是小学初中，对面是中专技能培训。这所学校2016年8月成立，是集多种残疾为一体的九年一贯制学校，对听力、视力、智力有障碍的孩子实施义务教育和康复训练。设施看着不错，真心希望老师们都充满爱心和责任感，把这些孩子当成普通又可爱的孩子去教导。

鹏宇夫妇曾一起去特教学校，他们看到孩子们自闭症程度轻重不一，韩露是最轻的。可回来后，鹏宇爱人忍不住哭了，心疼儿子以后要在这样的环境上学。鹏宇劝她："这样挺好，硬塞到普通学校对孩子不一定好。咱也不指望他养老，不指望他能飞黄腾达，只要他开心、活得好就行，对吧？"是啊，如果是我，或许也会这么选。

面对孩子的问题，这巨大的压力换作别人可能早就被压垮，可鹏宇总是坦然面对。他活在当下，不盲目为未知的事担忧，并非没有危机意识，只是不让自己内耗。他会存钱，会预判职业风险。他觉得孩子只是发育比别人慢，而且，现在已经看到进步了。孩子之前一直挺好，可两岁半到三岁时突然变了，之后他们就四处求医。现在孩子的智力和五六岁孩子差不多，只是情商还停留在三岁，不与人沟通，活在自己的世界里。

鹏宇每次带孩子去超市，都会让孩子自己结账，孩子也能做好。生活里这些小事，孩子慢慢都能学会。鹏宇说，每天和儿子在一起挺开心的，这就够了。

他始终相信，总有一天，孩子会懂事的。

七

鹏宇心里清楚，孩子的未来他得筹划，以后的日子怎么过，他都得好好打算。

鹏宇的爱人经营着一家小店，他们打算等孩子长大后，就把店交给他，耐心教他管账，能养活自己就行。再给孩子留两套房子，一套自住，一套出租，起码能维持温饱。实在不行，卖掉北京的房子回东北，日子也能过得舒坦。说不定孩子还能学门手艺，未来谁也说不准。

鹏宇从不避讳孩子的事。别人问起时，他总是很坦然。在熟人面前，他会直说孩子有自闭症；面对不太熟的人，就解释孩子听力不好，不是故意不理人。能自然谈及这些，说明他早已释怀，不再被其束缚。孩子的事，说不发愁是假的，但他明白，过度焦虑只会让自己崩溃，让家人更加痛苦，孩子有他自己的人生要走，就像当初的他一样。

鹏宇外表粗犷，内心却极为细腻。他的乐观背后，是波折的命运。刚出生还未满月就做手术，好不容易才保住性命。童年时父亲离世，母亲独自拉扯他长大，日子过得很艰难。父亲去世后，爷爷让他们母子搬去同住，可一年后，爷爷突然要赶他们走。原来是爷爷有了黄昏恋，女方不愿家里有其他人。爷爷不好意思没说实情，还说了些伤人的话。鹏宇母子回到久未居住的家，屋里满是灰尘和蜘蛛网，一片破败。母子俩一直相依为命，直到继父出现，这个家才慢慢有了起色。

换作别人，经历这些坎坷或许会性格压抑自卑，但鹏宇却有着超乎常人的坚韧与豁达。他把这些坎坷当作磨砺，以独特的心态面对生活的压力。现在，他是家里的顶梁柱，不能倒下，也正因如此，他学会了自我排解，不让自己被烦心事压得喘不过气。

我写下鹏宇的故事，不仅因为他是一个有趣的人，更因为他经历了常人难以承受的坎坷，却始终笑对人生。更重要的是，他是一位可爱又可敬的父亲。朋友们常常会心疼他，但他总是能在几瓶酒、几首歌之后，满血复活，重新面对生活的挑战。

曾经，大家以为鹏宇深夜喝酒是在借酒消愁，但或许我们都想多了。喝酒是他大学毕业后就养成的习惯，早已成为他生活的一部分。每当他遇到不顺心的事，酒便成了他独处时的好伙伴，帮助他更快地调节情绪。而在与家人朋友相聚时，酒又成了欢乐的催化剂，带来轻松与温暖。

他常笑称自己“躺平”了，但生活的重担在肩，哪能真的躺平？所谓的“躺平”，不过是他对生活压力的一种反抗。他的人生，每一步都刻着命运的痕迹，那些伤痛与喜悦，被他用淡然的笑容串联起来，化作前行的力量。

在寂静的夜晚，他偶尔会仰望星空，回忆过往。儿时的懵懂与失去、青年的执着与伤痛、中年的责任与困惑，一一涌上心头。然而，他从不沉溺于过去，只是默默举起酒瓶，敬这独一无二、五味杂陈的人生；敬这座给他包容、给他希望的城。

鹏宇从不羡慕任何人或任何家庭。他满心庆幸自己身处北京。这座城充满了包容，无论是他的梦想，还是孩子的困境，都能被接纳。这里的教育资源为孩子的未来点亮了希望，这里的医疗条件也为孩子的健康带来了转机。在北京，一家人的生活被注入了满满的希望，日子也仿佛有了更加清晰的轮廓和奔头。

未来的路，或许依旧充满挑战，但鹏宇早已学会了与生活和解。他不再执着于那些无法改变的事情，而是将目光投向更远的地方。儿子的成长、家庭的温暖、事业的稳步前行，都是他前行的动力。他相信，只要心怀希望，生活总会给予回报。

“生活就像一杯酒，有时苦涩，有时甘甜，但只要你愿意品味，总能找到属于自己的那份滋味。”鹏宇笑着说道。他不再急于追求所谓的成功，而是学会了享受当下的每一刻。无论是与儿子一起在超市结账，还是在工作室里专注地工作，他都能找到内心的平静与满足。

北京这座城市，见证了鹏宇的成长与蜕变。从初来乍到的迷茫，到如今的从容淡定，他在这座城市找到了属于自己的位置。他感激这座城给予他的机会与包容，也感激那些陪伴他一路走来的朋友和家人。

未来会怎样，谁也不知道。但鹏宇知道，无论前方的路有多难，他都会继续向前走，带着希望，带着爱，带着对这座城的感恩与期待。

来自鹏宇的留言：

路虽远行则将至，事虽难做则必成。

京韵戏梦，人间清醒

本期主角

陈晨①

青年京剧演员

北京戏曲艺术职业学院京剧系青年教师

一

在网络上，陈晨的京剧表演视频随处可见。其中，有她12岁时登台的模样，那时的她，尽管稚气未脱，却在舞台上展现出令人惊叹的沉稳，一招一式、一唱一念，都有板有眼，丝毫没有孩童的慌乱。时光流转，如今再看她的演出，举手投足间更是多了一份成熟稳健，艺术造诣越发精湛。

① 师从：李雅兰、李玉芙、王志怡、滕莉、李喜鸿、吴吟秋、李慧芳、吴纪敏、张学敏、李国粹、李炳淑、杨至芳。曾主演新编京剧《岳飞夫人》《弄臣》《孙膑与庞涓》《南海子》《马蹄声碎》；参与中法合作排演的《京剧第一课》《水浒传》；参与创作并主演新编京剧《少年马连良》两度获得北京市教育教学成果奖及全国校园戏剧节一等奖。2024年，拜梅派名家李玉芙为师，传承复排演出《雏凤凌空》。

对于不少国人而言，戏曲起初或许是个陌生的领域。但作为国粹，京剧频繁亮相于春晚和各大晚会的舞台，成为备受瞩目的保留节目。哪怕不是戏迷，也难免会被京剧演员精致的扮相、优美的身段和动人的唱腔所吸引。年复一年，就算每年仅在春晚瞧上那么一回，经过长时间的积累，京剧也不再让人觉得陌生，已经逐渐成为一种熟悉的文化印记，深深烙印在我们的记忆之中。

当我带着这份既熟悉又陌生的感觉，深入了解陈晨的京剧人生时，才发现舞台之下的她，有着远比舞台表演更精彩、更值得探寻的故事。

陈晨从 10 岁踏入北京戏校起，便兼具了学生与演员的身份。这一路，三十几年的人生，竟没有经历过因毕业、职业转换带来的明显变化。在学生时代，便是一边学一边演，后来当了老师，依旧一边教一边演，演员的身份始终紧紧相随。

曾经，她也想过彻底离开舞台，放弃演员身份，一心扑在教学工作上，看看是否可行。但终究发现，这几乎是不可能的。毕竟戏曲这行，本就是实践型行业，演员的职业属性早已深深烙印在她的生命里。

教师这个职业，我再熟悉不过，我的家族里，许多人都是教师，他们涵盖了从小学到中学、从大学到私企培训的教师岗位。教师这个职业并不好做，甚至，不是一个让很多年轻人向往的职业。陈晨，是第一个我见到的，从少年时期就立志做教师，并且一直坚定，直到今日也很享受这个职业的人。

从少年时期，当教师的念头或许就在陈晨的潜意识里扎了根。本科毕业时，团里发来了工作邀请，让她一周后去北京京剧院报到。可她想着，团里人才济济，自己当了这么多年学生又一直唱戏，很想换个工种。而且，在她内心深处，一直觉得老师这个职业特别崇高，她一直怀揣着成为知识分子的愿望，她也渴望成为有文化的演员。

再者，当演员太被动了，这是在她的丰富的舞台经历中很早就意识到了的。在如今的剧团体制下，总是等着被安排，唱什么戏、接什么角色，都不由自己做主。但当老师，选择性更大，能更多地掌握人生的主动权。

她从 2021 年开始教学，如今 38 岁了，已然是领导口中年轻的老教员了。回想 21 岁刚开始教课的时候，她觉得自己那时太年轻了。刚当老师时，身边同龄的老师也就两三个，毕竟在戏曲行业，大多是资深的老教授，四五十岁的女老师，都很德高望重。相比之下，她就像个小孩儿。到现在，她似乎还带着那股稚气，不过，她很珍视这份纯真，不想改变。就算到了四五十岁，岁月在脸上留下痕迹，她也不抗拒，但绝不想失去内心的纯真。

她放弃进入剧团，并非对剧团有任何偏见，而是经过深思熟虑后做出的决定。每个行业团体都有其独特的生态，剧团也不例外。在剧团中，主角的名额十分有限，通常一出戏里，主角仅有一两个，最多也不会超过六个，这就意味着，大部分演员需要为少数主角服务。

在过去旧社会以角儿为中心的体制下，角儿承担着维持剧团运营的重任，大家为了生计围绕角儿工作。如今时代不同了，剧团由国家供养，演员们在地位上更加平等，但这也引发了一些新的问题。部分演员会产生“为何要全力为他人服务”的想法，这种心态在一定程度上影响了团队协作的效率，也给培养高精尖人才带来了挑战。

曾经，市场制度良性活跃，演员们为了在市场中脱颖而出，拼命地提升自己，供求关系推动着戏曲行业的发展。然而在当下，戏曲行业面临着诸多困境，比如票房不理想、优秀作品和好角儿稀缺等，行业内部的责任划分和机制运行也不够清晰明确，这样的环境对行业的长远发展形成了一定的阻碍。

所以，她放弃进入剧团的机会，努力地成了一名教师。

二

为什么从小学戏？这事儿都快成老生常谈了。小时候的陈晨，身体不太好，老爱发烧。有一回，爸妈带她去了位于景山公园的北京市少年宫，想给她选个兴趣班，强身健体。舞蹈、武术班都试了一番，最后轮到了京剧班。陈晨也忘了当时老师让她怎么展示的，就记得老师说：“先学一星期试试，看看行不行。”那一周，练功、撕腿、学唱腔，陈晨什么都练得有板有眼。

一周后，老师瞧着不错，说：“这孩子还行，留下吧。”就这么着，6 岁半的她，在懵懵懂懂中，便踏上了京剧这条路。进戏校之前，她在少年宫学了三年多，起步算是挺早的。如今她也会感慨，这职业，有时候真不是自己选的，是职业在选择她。

陈晨的爸爸是个戏迷，对她学习京剧格外上心。从她踏上京剧学习之路起，父亲就对她寄予厚望，满心期盼着女儿能出人头地，成为角儿。小时候，只要爸爸一接起李玉芙老师的电话，那股望女成凤的急切劲儿立马就上来了，鞭策她好好钻研梅派艺术，一定要有所成就。

后来，随着陈晨的成长，在她的学艺过程中，父亲的期望一直如影随形。这既给了她前进的动力，也在一定程度上带来了压力。而母亲和父亲的想法不太一样，妈妈常常挂在嘴边的话是："你好好活着就行。"

三

或许是从小就进行专业训练和登台演出，慢慢地，她的心里开始有个声音在蠢蠢欲动："难道，这辈子就只能唱戏吗？"她一直在想，如果自己不唱戏了，能干点儿什么呢？虽然，唱戏时她很快乐，教戏时她也有心得。然而，有时候，她总想着踏出舒适区。

大学毕业时面临择业，她竟然跑去西单做起了小买卖，卖些日本的小家居饰品，都是些她自己觉得好玩的东西。为了这事儿，她没少和家里斗争。好在她父母还算开明，给了她足够的空间去折腾。

其实这背后，她和家里可有着不少的拉扯。家里人都支持她当演员，爸爸觉着她年轻，正需要舞台经验，而且趁着青春正好，就该在唱戏这条路上好好闯闯。

那时候，她心里就像有一团火，一心想当老师，那股子坚定劲儿，谁劝都没用。家里人很发愁，毕竟她已经在戏校实习了，家里人觉着，没有正式岗位，也没有编制，这工作太不稳定，心里不踏实。而且她年纪还小，经验也不足，各方面条件都还不太够，可就这么放弃做演员，实在是可惜。

可她呢，性子也倔，不愿意干等着。她心里琢磨，既然当老师这条路走不通，那就换条路试试，去做生意也成。说干就干，她把心一横，就跑去开小店了。

父母无奈之下表态："那你去试试吧，不过肯定不行。"她想着，试就试，万一发财了呢。于是，她在西单华威4楼租了个小柜台，美滋滋地戴上工作证，每天站在那儿。后来她自嘲地说，此站台非彼站台，站在戏曲舞台上，那是万众瞩目，受人尊重；可站在这柜台前，得低下头，实实在在地为顾客服务。结果，她不但没有发财，还赔了两个月租金。每天站在那儿，也没什么人搭理，开店失败，她就当这是一次丰富人生的体验。

那是2007年，她刚刚20岁。

那时，她还想着多做几手准备，跑去培训班恶补了一阵英语。曾经，她去台湾演出的时候，遇到一位老师。那老师对她说："你的性子，不太适合戏班。"她是个性子很直的北京姑娘，不擅长人情世故，也不太会迂回周旋，要是当演员，这可是个短板。老师建议她："干脆出去读书吧，这或许也是一条不错的路。"她便打算去美国的一所艺术大学留学，如果去了，就要告别舞台，但她能学习文化管理之类的专业，以后，说不定能从事跨国文化交流的工作，她觉得这前景倒也不错。

于是，她就开启了多管齐下的模式，做生意，补英语，等待校方通知。那一年，她仿佛站在了人生的十字路口，她的心像被一根无形的线牵着，眼前是不同方向的路，每一条，都通往未知。哪个机会先降临，她便会踏上哪条路。

但命运有时候就是这么奇妙。记得再一次从台湾演出回来，飞机刚一落地，她打开手机，就接到了学院的电话，工作转正了。就这样，在21岁这一年，命运的齿轮又把她拉回到京剧的轨道上，仿佛又是职业选择了她，而她，也终于实现了自己当老师的梦想。

十几年过去，到了如今这个年纪，她也不想再做那种无谓的抗争了，不再想别的了。她总结了一句：职业选择了我，那我就踏实干吧。

回想小时候唱戏，站在台上的她懵懂无知，也不知道自己是用哪股子力气唱出来的。可现在再看自己八九岁时唱的戏，她都忍不住惊叹："这唱得也太好了吧！"她甚至觉得，现在的自己都比不上小时候的状态。那时候什么都不想，是个空杯的状态，反倒有股冲劲。

在这个行业里摸爬滚打，她虽说没经历什么大磨难，可练功时皮肉的疼痛，她是一点儿没少挨。好在精神上，她倒没受太多折磨，不像有些孩子，学这行学得心力交瘁。

你见过那种场景吗？一群孩子，累得小脸煞白，汗水湿透衣衫，身体已经疲惫不堪，可悟性和能力却总也跟不上，眼里满是迷茫和痛苦。她很庆幸自己没陷入那种绝境，一路走来，虽有坎坷，但没被压垮。所以她总说，是这个行业选中了她，像是命运的安排。

她也没做出什么能让行业都为之震动的大事，可在自己的一方小天地里，每一次登台，每一次得到观众的掌声，都让她觉得自己闪闪发光。能做一份自己热爱、能力又刚好匹配的工作，她觉得自己太幸运了，这种幸福，简单又踏实。

2017 年，爸爸永远地离开了。自那之后，她在追求荣誉这方面所感受到的压力小了许多，因为再也没人念叨这些事了。妈妈和爸爸的想法不太一样，妈妈常常挂在嘴边的话是："你好好活着就行。"

这，就是天下无数平凡父母的模样。他们对子女的期望，简单而纯粹。那些平日里不绝于耳的唠叨与叮咛，或许在当时让你心生厌烦，可当岁月流转，某一天，你会突然惊觉，那些曾经听不进去的话语，已然成为生命中最温暖、最珍贵的回忆。即便当时不爱听，可如今，却多么希望还能再听一次。

爸爸的离去，并没有让她的内心变得空洞。即便后来遇到极大的困难与挫折，她也只是偶尔会想："要是爸爸还在，能让我抱抱他，或者让他拍拍我的肩膀，说不定所有的艰难就都能挺过去了。"然后，她总能很快振作起来，渐渐变得坚强。因为她明白，自己已经长大，要替父亲守护好母亲。刚开始的那两年，她还不太适应没有爸爸的日子，可随着时间推移，她最终顺利度过了那段艰难时期。

四

陈晨刚到学校正式任教的时候，还有个有趣的小插曲。学校职工饭堂，打饭的阿姨都不给她打饭，她一排队，阿姨就说：“晨晨，我认识你，你上二楼。”她赶忙对阿姨说：“我转正了。”阿姨不信，她一回头，瞧见书记和院长在那儿吃饭呢，赶紧说：“您帮我做个证，我是不是老师啊？”院长笑着点头：“她转正了。”这事儿现在想起来，还觉得特别有意思。

作为中国的国粹，京剧承载着深厚的文化底蕴。新中国成立后，国家高度重视京剧艺术的传承与发展，北京作为文化中心，更是在保护和扶持京剧人才方面发挥了关键作用。

陈晨就职的北京戏曲职业学院，专注于京剧人才的培养，为学生提供专业的京剧课程，涵盖唱腔、身段、表演等各个方面，众多优秀京剧演员便在此接受启蒙教育。并且国家对京剧教育，从学费到户口，都有极大的扶持力度。

陈晨毕业于北京戏曲职业学院，她如今的师父李玉芙老师也毕业于此。如今，陈晨回到母校任教，像曾经教导过她的众多优秀教师一样，在这方熟悉的校园里，倾囊相授，传承京剧技艺。

她现在教的学生，年龄跨度较大，从12岁初一的学生，到20岁的本科生，甚至还有本科生继续回来学习的。这些年的教学经历，让她觉得，学艺术这事儿，要是真没天赋，那可太痛苦了，身心都得遭罪，最后还可能找不到自己的人生方向。不过，一点苦不吃也不行，得有适当的付出，有合理的回报，这样人生才平衡，人生才会有幸福感。最为关键的是，得打心眼儿里喜欢这个行业。

有时候她嘴上会嘟囔这个行业里的一些问题，觉得自己干疲了。可真站在舞台上，面对自己内心的时候，她不得不承认，自己是热爱的。

戏曲行业如今面临着诸多困境。现在戏曲演出虽不少，但票房却不理想，很多演出仅仅是为了维持场次，难以真正点燃观众的热情。好作品稀缺，能让观众铭记的角儿也越来越少，整个行业发展动力不足。这背后，一方面是因为当下自媒体和网络太过发达，直播、转播盛行，很多人觉得在家就能欣赏戏曲，何必去剧场；另一方面，行业内部机制也存在问题，像演员的培养、作品的创作等环节都不够完善，阻碍推出高质量的作品和优秀的人才。然而，她也坚信戏曲有着独特的艺术魅力，作为中华民族传统文化的瑰宝，它不会被时代淘汰，国家肯定会持续扶持，剧团也在努力探索如何把观众重新吸引回剧场。

她发现，现在的学生和过去不一样了。现在的孩子，家里条件都太优越了，抗击打能力越来越弱。她们小时候，挨骂挨打是常有的事儿，师父、老师越是喜欢你，骂得越狠。可现在不行，说重了会伤到自尊，这是不允许的。

但是，凡事都有两面性，现在的学生自信多了，教两遍就会了，觉得自己特厉害，跟她说：“老师，我觉得我真好。”她也只能笑着回应："好好，你觉得好就好。"不像她们小时候，总是小心翼翼，做完什么都得问老师："我这样做对吗？"

如今，她越来越享受当老师这份职业了，在和学生的相处中，感受着岁月的变迁，也见证着戏曲传承的希望，一切都来得很踏实。

五

有些事儿，在她的记忆里刻下了深深的印记，尤其是那些与舞台相关的。

大约是在她 12 岁的时候，去天津演出。天津是戏曲界出了名的"戏码头"，向来有"要是能在京津沪唱红，那便称得上是红遍全国的好角儿"的说法，所以大家都知道在天津演出的分量，每个人都特别紧张。

但，天津这码头的戏可不好唱。天津的观众太懂戏了，要是演得不好，他们可是会毫不留情地喝倒彩。即便，当初她们只是一群稚嫩的学生，校长还是特别担心会出现这种状况，毕竟小孩子能不能承受被喝倒彩的打击，谁也说不准。

当时的老校长和主教老师们，对学生们的照顾可谓细致入微。他们会看着学生们睡午觉，因为下午睡好了，嗓子才舒服，晚上唱戏才能有好状态。这个习惯一直延续到现在，她现在带学生，如果晚上有重要演出，一定会嘱咐学生好好睡觉，因为睡醒后，嗓子和状态真的会不一样。

那次在天津，剧团上演《赵氏孤儿》，陈晨饰演庄姬公主。那时她年纪尚小，负责照顾她的吴继敏老师，不仅要操心她的专业表演，还得照顾她的生活起居，生怕她吃坏肚子或者休息不好。

演出后半场，魏绛回朝之后，庄姬公主有一段很长的西皮慢板唱腔。她换好装后，早早就在上场门候场。当过门响起，演员该登台了，吴老师却一把扣住她的肩膀，不让她出场，陈晨身上别着话筒，不敢出声，只能满心疑惑地站在原地儿。猜测是不是出了意外状况，比如灯光爆了、话筒没电之类的。就在她快要张嘴开唱的前一刻，吴老师猛地把她推上了台，紧接着，台下响起了满堂喝彩！

原来，这就是老师在把握“火候”。演出结束后，吴老师问她：“明白为什么这么做吗？”陈晨这才恍然大悟。天津的观众懂戏，老师就是想让大家知道，我们这么小的演员，也能有这份火候。吴老师这是在教她，如何成为一个有火候的演员。

当演员，除了表演流程要熟练，还得把握“火候”，通俗来讲，就是把握好尺度。要是晚上场一点，观众可能就会不耐烦；但要是把握得恰到好处，效果就截然不同。

当时，陈晨在后台听到台下有了些许骚动，以为要被喝倒好了，结果一上台就收获满堂彩，她这才明白，原来是观众都认为，这个小演员真能沉得住气，这种微妙的处理方式，可是好角儿才有的本事。

我在网上找到了那次演出的视频片段，她的确很晚才出场，那个节奏的把握还真是巧妙。

如今，陈晨自己回看当年那场演出，都感叹，那时的自己着实沉稳，即便被老师扣住肩膀，在后台满心疑惑，也没有一丝惊慌失措，上台后该怎么唱就怎么唱。直到观众爆出满堂彩之后，她才彻底领悟到吴老师那个举动的用意。

吴继敏老师堪称业界翘楚，她在剧团担任多年主演，舞台经验极为丰富，所以特别懂得把握火候。但这种火候的拿捏，在平时教学中并不会特意传授。因为一旦将其融入日常教学，学生们可能会刻意模仿，反而容易落入俗套，变得油滑。

平日里，吴老师性格温暾，做事总是不紧不慢的，极少动怒，那次扣住陈晨肩膀不让上场，是老师少有的犀利。年仅 12 岁的陈晨，在戏曲界众多大腕都心生敬畏的天津码头，借由这样一件事，学到了成为好角儿的重要一课。

六

戏曲化妆是一门极为精细且讲究的技艺，其顺序和细节都蕴含着深厚的文化底蕴与艺术传统。

打底、腮红、眼妆、描眉、画唇，每一步都极为细致。

在脸部妆容基本完成后，便是勒头。这一步需要用勒头带将头部勒紧，调整眉眼位置，使面部更显紧致、精神。同时，要注意力度适中，避免过紧导致演员不适或影响表演，它是塑造角色面部整体轮廓的关键环节。

接下来是贴片子，先用榆树皮加水熬出的胶，将头发一缕缕顺着放进胶里，再用篦子刮顺，然后仔细地贴在脸部两侧和额头，以修饰脸型，使脸部线条更加流畅、柔和。这需要极高的技巧和耐心，每一片头发的位置和角度都要精准，才能达到理想的效果，仿佛为角色打造出专属的面部框架。

最后是佩戴头面，头面包括各种精美的发饰，如点翠、水钻、珠花等。要根据角色的身份和服装搭配选择合适的头面，从头顶的正凤到两侧的偏凤、泡子等，依次佩戴整齐，确保稳固且美观，这些璀璨的头面在灯光下闪耀，成为舞台上的视觉焦点，彰显出角色的高贵与华丽。

京剧旦角戏妆的每一个步骤、每一处细节都紧密相连，共同塑造出舞台上生动鲜活、魅力四射的旦角形象，承载着京剧艺术的独特魅力与文化内涵。

陈晨小时候，刚开始是老师给扮戏，长大了就自己动手。自己最了解自己的脸，可以更好地弥补缺陷。

时间久了，每次看到那些亮丽的头面，就会想到背后这一堆麻烦事儿。从扮戏到勒头，整个过程得花一两个小时。可当最后装扮好一亮相，收获大家的夸赞时，又觉得，这一切都值了。

七

如今，陈晨越发觉得“人生如戏”。每当置身铺满灯光的舞台，专注且尽情地表演，感受到的是身处人群却遗世而独立，让她深刻地意识到，热闹是别人的，内心的声音才属于自己。每当散场，她看到片刻前闪耀的舞台顿时漆黑一片，她会再次走去舞台中央，感受这种巨大的差距，仿佛是走进人生的旷野。

舞台，拥有一种难以言喻的魅力，每当她踏上舞台的那一刻，仿佛有一种神奇的力量支撑她忘记身体的疲惫与内心的烦扰，整个世界也变得美好纯粹。然而，这般美好却如烟火般短暂，往往只能持续两个小时。当演出结束，一切绚烂回归平淡，只留下空荡荡的舞台和寂静的剧场。

好在，她早早就参透了这个道理，选择在真实生活里扎根，与热爱的舞台保持适当的距离。她心里非常清楚，倘若长时间沉溺于舞台的璀璨光影，就像在迷雾中迷失方向，如果深陷其中，就会错把舞台上的名利、掌声与鲜花当成全部的真实，最后，在虚幻与现实的撕扯中失去自我。

曾经，她自己上台表演时，满心都是“要不我死在台上”的决绝，那股劲儿，仿佛这场戏要是唱不好，人生就完了。那时，家长和老师也都憋着一股狠劲，仿佛一场戏唱赢了，就能赢得整个人生。可时过境迁，如今已身为老师的陈晨，想法有了极大的转变。对于演员来说，不仅要关注专业技能的提升，更要注重心态的健康，学会面对成长中的各种变化，在舞台和生活之间找到平衡。

现在不是流行“松弛感”嘛，但她觉得这可不是对谁都有用。在戏曲学习和表演中，不同孩子需要不同的引导方式。面对性格过于松弛的学生，她会适度施压，推着他们往前走；而面对过于紧张的学生，她就尽量不让他们走自己小时候的老路。

艺术这东西，没有绝对的评判标准。小朋友表演时，只要不出错、不忘词就已经很棒了。陈晨明白时代变了，孩子们有各自的特质。得尊重每个孩子的个性，给他们足够的空间长大，可不能硬把自己的想法灌输给他们。她希望自己的学生能明白，舞台只是人生的一部分，真实的生活同样重要，要保持清醒，不被舞台的虚幻所迷惑，这样才能在戏曲这条路上走得更稳更远。

因为幼年就站在舞台上，很早体验到了荣誉感，便有了早熟的心智，随着年龄的增长，她越发觉得，早期的舞台经历虽然美好，却也暗藏着虚荣心的考验。她清楚自己的潜质，仍愿意潜心耐力地默默耕耘，她真心希望学生能够超越自己。遇到天赋好的孩子，她都会坦诚相告，只要努力，假以时日，一定可以超越前辈。

陈晨和许多 80 后一样，承载了太多成长的压力。这代人小时候，大多是在打压式教育的环境中长大。家长们似乎总热衷于相互攀比，“你看看人家，再看看你”这样的话，不知在耳边回响了多少遍。若是表现得太过出众，便会被指责太过出风头，紧接着就是“别太嘚瑟”的告诫。仿佛跑在前头不行，落在后头也不行，这种左右为难的处境，实在让人难受。只要稍有自满情绪露头，立马就会被训斥“一瓶子不满半瓶子晃荡”。如今回首往昔，能一步步走到今天，真的是万分不易。

新一代的孩子们截然不同。他们更懂得给自己的生活松松弦，学会自我调节。有些孩子即便嘴上不说，但从他们自信从容的神情中就能看出，他们对自己十足的认可与满意。看到这些孩子这般自在的状态，陈晨打心底觉得欣慰，感慨这才是孩子们应有的青春模样。

自 2002 年起，陈晨便与形形色色的学生打交道，其中不乏令人头疼的类型。那种北京话形容的“蔫不出溜油盐不进”，软硬都不吃的“滚刀肉”型学生，她着实遇到过不少。

身为一名一线老师，工作范畴远不止教授学生专业技能，时刻关注他们的心理状态同样至关重要。尤其是小女孩，心思细腻敏感，十三四岁的年纪，内心却如同成年人一般，有着诸多弯弯绕绕。在应对这些复杂情况的过程中，陈晨不断反思自己的教育方式，也正是这时，她读到了王菲自白书中的“恍惚面对世界，笔直面对自己”这句话，恰如一道光照进她的内心，令她感触极深。她开始觉得，人若有唱的本领，就应坚守本心，不必妄图改变他人，也别总是说教。

然而，老师的身份使然，说教有时难以避免。每次冷静下来后，她也会反思，自己要学会“止语”，只针对事情本身，不过多干涉学生的想法和选择。毕竟，一旦强行把自己的观点灌输给学生，下次遇到类似情况，学生依葫芦画瓢却遭遇失败，反而适得其反。

多年的教学，让陈晨领悟到，人都有光明和阴暗的两面，作为老师要时常自查，尽量规避负面的东西。因为生活中的细微之处、观念上的点滴偏差，都可能在不经意间养成不良习惯，甚至滋生阴暗心理。而这不仅会影响自己，更会影响孩子。孩子们心思单纯且敏感，越是信任、亲近老师，就越容易受到老师潜移默化的影响。所以，唯有不断审视自己，以积极正面的形象为学生照亮前路，才是正道。

八

陈晨仅有一位师父，却承蒙许多老师的教导，其中，刚踏入戏校时便陪伴她成长的滕丽老师，对她的影响最为深远，在陈晨心底，她早已亲昵地将滕老师视作“妈妈”。

十岁那年，满怀着对戏曲的无限憧憬，陈晨迈进戏校的大门。初见滕丽老师时，老师正值芳华，那明艳动人的模样瞬间击中了她。彼时的滕老师，浑身散发着自信与魅力，宛如一束光，照亮了陈晨对戏曲世界的最初向往，在她幼小的心灵中刻下了难以磨灭的印记。

时光匆匆，几年转瞬即逝，陈晨迎来了变声期，嗓子状况频出。对于以唱念为根基的戏曲学习而言，这无疑是一场巨大的危机，焦虑与烦躁如潮水般将她淹没。而此时的滕丽老师，也深陷职业的迷茫。滕老师天赋极高，专业素养过硬，本有机会在舞台上大放异彩，成为众人瞩目的名角。但命运的轨迹发生了偏移，她选择投身教育事业，又因际遇不佳，情绪也受到了影响。一个被变声的困境纠缠，一个在职业的十字路口徘徊，两人的关系在这双重压力下逐渐紧绷，陈晨甚至对滕老师产生了抗拒心理。

十四岁时，陈晨仍处于状态低迷期，学校安排了其他老师接手教学。那段时间，她和滕老师之间仿佛隔着一层厚厚的冰墙，彼此都憋着一股劲儿，却找不到破冰的方法，关系陷入僵局。

命运的转折总是在不经意间降临。学校安排出国演出，滕丽老师负责照顾陈晨。在两个月的朝夕相处里，两人同住一间房。滕老师不仅在业务上对陈晨严格要求，从勒头、扮相到舞台上的一招一式，每一个细节都精雕细琢；还在生活上给予无微不至的关怀，为她做饭、照顾起居。起初，两人心中都藏着疑惑：“她还喜欢我吗？”“这孩子还是以前那个充满热情的好孩子吗？”随着相处时间增多，交流也日益频繁。陈晨鼓起勇气，向滕老师倾诉了这些年的委屈、困惑与迷茫，滕老师也敞开心扉，向她分享了自己的职业烦恼，以及对陈晨的殷切期望。那些曾经横亘在两人之间的心结，如同春日里的积雪，在真诚的交流中慢慢消融，她们的关系越发亲近，这种心灵深处的契合，是其他师生关系难以比拟的。

在之后的日子里，随着时间的沉淀，滕老师的教学经验越发丰富，陈晨的悟性也在不断提高。她们在戏曲业务上配合得越来越默契，艺术观也逐渐达成一致。陈晨兴致勃勃地向老师分享自己喜爱的演员和唱段，滕老师总是耐心聆听，然后和她一起探讨其中的精妙之处，这份独一无二的默契，成为她们师生情谊中最珍贵的部分。

回想起那段和滕老师互相较劲、心绪烦乱的日子，陈晨总会想起妈妈说过的一句话：“你要记得人家低头给你系鞋带这件事儿。”那时的她年纪尚小，只是懵懵懂懂地听着，并未领会其中的深意。如今，当她自己也站在了三尺讲台之上，成为一名老师，在日常教学中帮学生系彩裤、系鞋带，真切体会到这些细微举动背后蕴含的关怀与责任时，才对母亲当年的话有了刻骨铭心的理解。

戏曲表演的门道繁多，就拿彩裤的穿着来说，就有着独特的讲究。它不是普通的提拉式，而是得左搭右折，这里面藏着不少技术门道。每天，陈晨都会耐心地帮学生整理着装，因为她深知，在舞台上走莲花步时，鞋带系紧了钩不住脚，系松了又容易掉鞋。虽然现在有了缝宽松紧带的便捷方法，但这些看似琐碎的细节，都是前辈们积累下来的宝贵舞台经验，是保障表演顺利进行的关键。

现在，每当回忆起妈妈说的话，“你要记得人家低头给你系鞋带这件事儿”，陈晨的内心便会涌起一股暖流，同时也会时刻提醒自己：人一定要懂得感恩。也正是在滕老师的悉心教导与一路引领下，陈晨在戏曲之路上不断成长，积累深厚的功底，才有机会拜入京剧大家李玉芙门下，成为她的弟子。

2024 年，适逢京剧大师梅兰芳先生诞辰 130 周年纪念。3 月 3 日，梅大师的亲传弟子——86 岁高龄的著名京剧表演艺术家李玉芙，在北京湖广会馆喜收青年教师陈晨与青年学者邵振坤为徒。

这行特别重视师门，因为这关乎着最终的归属，决定了你出自哪个流派，唱哪类戏，演绎哪类人物，甚至还会影响到往后教学时传授哪一路的戏。虽说大家可能都同属青衣或者刀马旦行当，但每个老师都有各自独特的戏路子，擅长的剧目也各有不同。

陈晨，主工青衣，还兼跨花衫行当，有时也教教刀马戏。年轻的她，对自己有着清晰的规划，趁着身体还灵活，就多教些需要体力的戏，等年纪大了，再教些相对轻松的。

这说来也是缘分，陈晨8岁起便跟随李玉芙学戏，李玉芙老师为人严厉，艺术标准又高，小陈晨一直有些怕她。每次李老师给家里打电话，她都紧张得不行。

小时候，李玉芙老师就鼓励她走专业路线。一开始，她家里人并没打算让她走专业戏曲这条路，只是想让她强身健体。陈晨在少年宫的启蒙老师李雅兰，和李玉芙老师是同班同学，李玉芙老师很支持她考戏校，可启蒙老师李雅兰却有些心疼。李雅兰老师对她说："这戏饭不好吃，家里又没人干这个。吃好了叫戏饭，吃不好那可就是气饭，少不了受气。要是有本事却轮不到你唱戏，评职称评不上，只能一直跑龙套，多难受啊。"老一辈经历过诸多委屈，有着丰富的人生经验，所以李雅兰老师不支持她走专业，觉得她学习好，把戏曲当成爱好就行，让她好好学文化，将来在职业选择上会有更多机会。

李玉芙老师艺术造诣颇高，她小时候，李老师还能登台唱戏，所以教学时间不多。等陈晨上了大学，李玉芙老师被校长请来讲课，这才正式上手教她。这么多年下来，无论是在艺术上，还是在做人方面，李玉芙老师都对她影响深远。多年的师生情，一切都水到渠成。并没有提前好几年去计划、去酝酿，一切就那么自然而然地到了该拜师的时候。

拜师仪式庄重又朴素，十分低调。在北京湖广会馆的小院里，她和师弟邀请的也都是同门的师兄师姐们，就跟一家人聚会似的。李玉芙老师也不是那种守旧老派的人，特意交代说："别磕头，磕头不吉利，鞠躬就行。"就这样，她顺利地拜在了李玉芙老师门下，开启了戏曲艺术传承的新旅程。

如今，无论师父还是老师们，年纪都大了，也都退休了。可老师们的教学语气、神态，乃至每一个细微的习惯动作，都深深影响着陈晨，以至于她任教后，不少下意识的举动都和老师如出一辙。当初陈晨决定留校任教时，滕丽老师并不支持。老师觉得她应该先去剧团历练，积累更多的舞台经验，毕竟这是大多数戏曲人的选择。

滕丽老师自己短暂做过演员后就转做教师，或许在她内心深处，对自己的职业轨迹有着些许遗憾，总觉得自己的精湛技艺未能在更大的舞台上被更多人赏识。可在陈晨看来，滕丽老师的一生充满了意义，她培养了众多优秀的戏曲人才，为戏曲传承贡献了力量，是无比美好的。可滕老师自己却觉得过得平淡，这让陈晨感慨万千，也让她对人生的价值和追求有了更深的思考。

在和滕老师的相处经历中，陈晨不仅收获了深厚的师生情谊，更懂得了许多人生道理。在自己的职业生涯里，她也不断摸索着如何建立职业自信、保持身心平衡。陈晨深知，职业自信要靠自己树立。她曾读到过一句话："不要站在别人的竞技场上，按照别人的逻辑跑。"这句话如同一盏明灯，照亮了她的内心。所以，她尽量减少与本行业人员不必要的比较和接触，因为接触过多，很容易产生自我怀疑。就像排戏时，京剧院和戏校合作，分 A、B 两组，从学生到演职人员，大家总会不自觉地互相比较，她也难免会心态失衡。每当这时，回到家她就会静下心来思考原因，试图让自己平静下来。她明白，别人无法站在自己的角度思考，别人的评价只会干扰自己的判断。她会努力剖析自己，找出问题所在，时刻提醒自己不要自大自满。

她一直在积极掌控自己的人生道路，将保持身心平衡当作一辈子最大的追求，不再过多纠结其他琐事。

九

如今，陈晨在戏曲这条路上不断探索前行，她的经历也越发丰富。其中，一次去台湾演出的经历，让她收获了一段难忘的回忆。

在台湾的演出之行，陈晨曾与辜怀群女士有过的一番交谈，至今让她记忆犹新。辜怀群，是辜振甫先生的女儿，出身名门，是著名的文化推广者、戏剧专业人士。

那次，辜怀群对陈晨说：“像《红鬃烈马》这类传统戏，是留不住演员的。谁都能唱，谁来演王宝钏、谁来扮薛平贵，影响都不太大。这传统戏就像个大容器，会把你们的独特之处都‘吃掉’，不管谁来演，都难以留下特别深刻的印记。”

作为受过精英教育的知识分子，从辜怀群的视角看，谁来唱戏都不要紧，哪怕从大陆随便请个角儿来，观众也不太会记住。尤其是戏唱完了，妆画得那么厚，有时候甚至都分不清演员的脸。观众对演出的记忆，或许最多成为一两天的美好谈资，所谓绕梁三日不绝于耳，也不过就三天而已。在如今这个信息时代，一切更新换代极快，很快就会被新一波信息淹没、取代。

二十几岁听到这番话时，她深受触动，感觉像是打开了一扇全新的认知大门。辜怀群这番话，其实是在告诉她，演戏不要总是深陷在词句里，甚至剧情本身也并非最为关键的。重要的是，要思考怎么讲好故事，怎么塑造自己想演的人物。不能只是一味遵循老师所教的，比如踏左步、指右边之类的刻板动作，而是要思考自己到底想怎么演，想要表达什么。

她意识到，要想成为一个好演员，确实需要丰富的阅历，需要不断累积各种感受。辜怀群的观点完全跳出了传统的局限。要是换在那些老派观众的观念里，师父怎么教，演员就必须怎么做，绝对不能更改。这种规范的传承，在一定意义上保留了传统，但也限制了创新，束缚了想象力。

辜怀群还提到戏里的一个情节，薛平贵唱“八月十五月光明”，他和王宝钏夫妻分别 18 年，这句词是他想借此与王宝钏相认。王宝钏听闻后问他，在军营中难道连灯亮都没有，全凭着这皓月当空吗？其实这是一种意境，戏曲很抽象，营造出月亮挂在天上，夫妻虽长久分离，但缺月总会重圆、前缘能够再续的美好寓意。辜怀群感慨道：“八月十五，月亮光不光明不要紧，戏曲就是换个方式说我爱你。”

这一番话，她记了许多年。看戏也好，唱戏也罢，有时候其中蕴含的远不止剧本上呈现的那些。就如同她站在空荡荡的剧场，或是上个月站在舞台上享受追光时的感受，那是一种独特的人生体验。戏曲，正以一种别样的、美好的方式表达着情感。

十

如今，陈晨依旧在自己的生活轨道上稳步前行，穿梭于戏曲教学与日常琐碎之间，用独有的方式诠释着对生活与艺术的理解。她的生活态度，就像一本打开的书，每一页都写满了从容与真实。

她不刷抖音，不看微博，关闭朋友圈，远离社交的喧嚣，守着自己的一方小天地。在这个快节奏的时代，她却刻意让生活慢下来，简单起来。她享受宅在家里看书的时光，散文是她最好的陪伴，书在手中，世界便在心中。看电影，不看电视剧，不进剧场看京剧，不是因为失去热情，而是懂得为自己的热爱留有余地，避免过度消耗。

曾经那个一心追求卓越、处处争先的小女孩，在岁月的磨砺下，已然懂得了知足与自洽。她不再盲目迎合外界标准，不再为站在巅峰而让自己疲惫不堪。她守着自己的戏曲小天地，教着热爱戏曲的学生，在平凡日子里找寻生活的诗意。她明白，生活的意义不在于功成名就，而在于每一个微小而真实的瞬间，在于能够掌控自己的节奏，在于享受内心的宁静。

这座承载着她生活点滴的城市，见证了她的成长与蜕变。曾经那些胡同里的吆喝声、四合院的烟火气，还有街头巷尾的京剧唱腔，都融入了她的生命。北京的四季更迭，就像她生活的乐章，每一个音符都跳动着熟悉与亲切。在这座城中，她找到了属于自己的位置，与这座城相互成就。

就像在戏台上，并非每个角色都要成为众人瞩目的主角，那些默默付出的配角同样不可或缺，共同构成精彩绝伦的演出。生活亦是如此，平凡的我们都是生活这场大戏里的演员，各自演绎着独特的人生。

她不再害怕被时代的浪潮淹没，因为她早已在自己的世界里成为唯一的主角。她用自己的故事告诉我们，适当驻足、调整，倾听内心的声音，才是真正的生活智慧。不必强求成为最耀眼的存在，在自己热爱的领域里，做一个真实、快乐的自己，这便足够。

来自陈晨的留言：

你要记得低头给你系鞋带的人。

一直在路上

本期主角

晓雯

资深影视后期特效师/特效总监

热爱书法、油画、越野

每有空闲必定自驾出游

一

晓雯终于回来了。他这一次的自驾游历经40天，一万五千公里，完美收官。回来后先给他的黑色越野车换上“新鞋”，把西藏的泥、新疆的沙都洗得干干净净，岁月静好，山河还在那里，日后，他还会再战。

只是每一次离开，不管时间长短，他总是会再次回到北京。

晓雯是河南人，大学毕业时本来不想来北京，但谁承想，他不但来了，还一待就是21年。时光悠悠，于他而言，北京早已是第二故乡，深深地融入了他的生命纹理。他的青涩、成熟、机遇、朋友都在这座城里。北京，见证了他的成长与蜕变，也收纳了他的欢笑与泪水，成为他心中无法割舍的眷恋之地。

晓雯是做电影特效的，他从 CG 模型入手，以特效起家。安静的时候，可以每天凌晨起来练书法，动的时候，能骑着越野摩托在北京周边的野山坡上疯狂浪荡。他一直很清瘦，项目忙起来就会更瘦。有一天他突然蓄起了胡子，看起来特别像个武打演员。有趣的是，2007 年，他在进入电影《功夫之王》剧组的时候，办胸牌时工作人员还真误写成了武行。这样一个外表硬朗的糙汉子，实则是一个内心细腻、说话轻声细语的人。入行 21 年，目前已经是这个行业里的大咖。

晓雯 2003 年来的北京。千禧年前后的北京，那些怀揣梦想、独自闯荡的北漂们，若想寻个独居之所，地下室和胡同里的平房就是他们的宿命之选。无非是地段好，房租又便宜，能让初来乍到的他们在这座偌大的城市里有个容身之处。晓雯，也是这众多北漂中的一员，他在朝阳公园桥往东的那片地下室里，一住就是六个春夏秋冬。

很多地下室原本是防空洞改造的，长长的走廊，两边布满一间间简陋的木板屋，昏暗潮湿，可就是在这样的地方，晓雯开启了他的逆袭之路。

2003 年，他像着了魔似的，两个月没日没夜地自学，在那间地下室里花了两个月时间，做出了一个写实角色模型。此后半年，他和 14 本《Maya3.0 完全手册》日夜鏖战，硬是将那些枯燥的特效参数都背了下来。就是这样一股不服输的劲儿，让他一步步走进了那些优秀电影、动画项目的制作团队，从一线制作的新手，蜕变成如今的业内大牛。

网上说过，这世上有两种人，一种是冬天早上到点就能麻溜起床的，一种是设一堆闹钟还能接着睡的。晓雯绝对是前者，而且是那种特别“轴”的前者。数九寒天，外面冰天雪地，那地下室里更是冷得像冰窖，别人都在热乎乎的被窝里做着美梦，他却早早地爬起来，在那昏黄的灯光下，拿起毛笔，一笔一画地练起字来。这一练，就是十多年。

我和晓雯的缘分，也是从那地下室开始的。我们在一家动画公司是同事，他就坐在我对面。初见他时，他戴着个黑框眼镜，颧骨高高的，鼻子挺挺的，又黑又瘦，身材倒是修长结实，看起来很不好惹的样子。但处久了就会发现，这家伙其实就是个外冷内热的人，我们时不时地逗逗他，他也不生气。

我曾去过他的地下室，墙上挂满了他的字，角落里，还有近一人高的宣纸，全都写得满满的。后来，他还专门又租了隔壁一间屋子来画画，他摆上些静物，拿起画笔，就在那没有阳光的角落里，画出了一片属于他的彩色天地。晓雯一直就像一个孤独的行者，不管外面有多喧哗，他就只顾着自己的笔，勾画自己的梦。

虽说地下室的日子过得紧巴巴的，地方又小又暗，但在那儿的每个人，都在为自己的生活努力打拼。大家都在写着自己的故事，简单又纯粹。可惜，2008 年奥运会一来，那些不符合居住标准的地下室都得清理，晓雯也不得不离开。走的时候，他还眼巴巴地跟房东商量，想着等风头过了，能不能再回来。可谁知道呢，这一去，就再也回不去了，那段日子，就这么成了回忆里久久难忘的故事。

我曾好奇，晓雯为什么对练字这么执着？后来发现这里头还有两段小故事。小学五年级的时候，晓雯因为字写得丑，被语文老师狠狠地收拾了一顿。那老师也是够狠的，揪着他的眼皮，硬生生地把晓雯的眼皮都捏紫了，就因为嫌弃他字的笔画拉得太长。到了初一，晓雯偷偷喜欢上一个女生，结果发现那女生和他同桌在一起了，关键是这个同桌还是个被大家叫作渣男的家伙。更可气的是，那家伙字写得还特别好。晓雯这下心里就不平衡了。心想："不是说字如其人吗？他这么渣，字还写得这么好，那我为什么不行？"得，就这么着，心里那股不服输的劲儿被彻底激起来了，这一练字，就再没停下过。这么多年下来，他的字写得越来越好，还被北京一所大学请去教了一学期的书法课。

地下室的那段日子，有苦有甜，有梦有光，它就像一颗种子，在晓雯的生命里慢慢发芽长大。

二

在影视后期的行业，晓雯凭借着吃苦耐劳，勤学苦练，稳步地在业内站稳脚跟，成为诸多知名项目背后的关键力量。很多在大荧幕上闪耀的奇幻光影背后，都有着他日夜忙碌、挥洒汗水的身影。

虽说在北漂的日子里，每日通勤如同一场漫长的跋涉，从住处到公司的路途仿佛看不到尽头，居住的地方也是简陋得很，但晓雯硬是在这忙碌与局促中寻得了生活的独特韵律。

突然有一天，晓雯跟我借钱，买了他人生中的第一辆摩托车。之后，他就在北京的大路上，骑上他心爱的小摩托，一路风驰电掣，再也不会堵车。

后来，正常的骑行已经满足不了他，他跨上摩托车，油门一拧，瞬间消失在城市的边缘，朝着山野奔去。从那以后，工作之余，他就变身为心向旷野的逐风骑士。他冲进北京五环外的各种野山里，在那崎岖的山路和广袤的荒野间，尽情释放着内心的激情与压力，风在耳边呼啸，所有的疲惫都被抛在身后。随之被抛在身后的还有项目 deadline、工作计划和年终报告，那些让人心烦的东西，都在油门轰鸣中得以释放。为了满足自己的“野”，他前后不断地买买买，曾经同时拥有 5 辆摩托车。

他还是公司里的健身达人，午休时分，拿上拳套，换上运动装，来到楼上娱乐室练散打。那拳脚生风的模样，吸引了一众同事围观，连美国同事都被他的热情点燃，纷纷加入。一时间，公司里掀起了一股健身热潮，身强力壮的小伙子们都在忙碌的工作间隙，找到了释放活力的新方式。

而在他的生活里，还有一位特殊的伙伴——雪儿，他命中注定的缘分。

雪儿是条狗，来到晓雯身边时，还不到一岁，还没有晓雯的小臂长，就像一个毛茸茸的小团子。那时，晓雯从朝阳公园的地下室搬到颐和园西边——玉泉山下的一个艺术园区，晓雯住在那里的一间平房里。那是晓雯来到北京后终于从地下室里搬到地上的房子里。

那地方原本是北京某高校的宿舍区，学校搬走后就空了下来，有人打算将它打造成画家村，后来，那里还开了中国工笔画的培训。晓雯搬进去的时候，这些都还在筹备中，那里当时只租给画家们做工作场地。晓雯同学知道他不擅长找房子，便给他推荐了这里。他去看房，保安问他是不是画画的，他心想自己是会画画啊，就称是，然后就这么误打误撞地搬了进去。那是一个带卫生间的小屋，像学生宿舍那般大小，关键是，终于是个有阳光进人的房间了。房租也便宜得很，一个月才几百块钱。

那个园区渐渐发展起来，住进了好多画画的人，有来创作的，也有来学习的。一天晚上，雪儿莫名其妙地跑到晓雯家门口，怎么都不肯走。晓雯看着浑身雪白、非常可爱又可怜的小家伙儿，只能把他留下。当时晓雯心想，这狗走丢了，主人肯定急坏了，于是四处打听，问遍了园区里的人，连看门的大爷都说园区里没这狗，晓雯就只能等着主人来找了。

当时，晓雯在 798 艺术区上班，每天骑摩托车，从西五环到东五环，相当于横穿北京城。白天他屋里没人，他就天天背着小狗去上班，这一背就是两个星期，背着背着，心里就对这小家伙儿喜欢得不得了。后来他跟看门大爷说，如果还没人来找，这狗他就留下了，哪怕人家找来了，给钱都行。就这样，晓雯给它起名叫雪儿，它正式成为晓雯的家庭成员，因为一直没人来找它，晓雯就顺理成章一直把雪儿养到现在。

雪儿极温柔，和名字很搭，它是一个萨摩的串儿，今年已经14 岁了。

雪儿刚出现时，晓雯公司的大老板是个家喻户晓的港星，执行的管理者都是香港人，那是一家做视效电影的公司，晓雯在那里参与过《龙门飞甲》《宫锁沉香》《大闹天宫》《寂静岭》等影片的制作。

老板说，因为做这行经常加班，宠物放在家里心里都不踏实，就允许大家把宠物带到公司来。于是，公司里便出现了三条狗一只猫，还有几只小乌龟。每天，雪儿都坐在晓雯的摩托车上，横穿北京和他一起上下班。公司里的同事们都惊讶，怎么会有这么乖的狗。而每次，雪儿看向晓雯时温柔专注的眼神，都让同事一度肯定，这是只母狗，但其实，雪儿是公的。

不管是谁，刚知道雪儿是公狗的时候，都问晓雯："一个公狗，你给起名叫雪儿？"每次，晓雯都不懈地说："我一个大老爷们儿，还叫晓雯呢，它怎么不能叫雪儿？"

一天下班后，晓雯带着雪儿像往常一样骑着摩托行驶在路上，突然前方车辆急刹，他避让不及，连人带车摔倒在地。受到这突如其来的惊吓，雪儿瞬间撒腿狂奔而去。晓雯顾不上自己的伤痛，迅速爬起来，冲着雪儿消失的方向大声呼喊，可雪儿头也不回地跑了。

晓雯急忙打电话叫朋友来帮忙，挂了电话，他沿路找狗，眼神中满是担忧，嘴里不停地念叨着雪儿。天彻底黑了，城市的灯光逐一亮起，却完全不见有雪儿的影子。晓雯的心却越来越沉，那一刻，他好像找不到一丝光亮。

无奈之下，晓雯打印了寻狗启事，同事、朋友帮他在附近到处张贴，连公司的老板也被他打动，帮他在朋友圈、微博上发布寻狗信息。一周过去，雪儿毫无音讯。晓雯难过极了，有朋友安慰说："放心吧，雪儿这么乖，不会被人吃了的。"这话让晓雯更加难过了，他苦笑着，继续寻找雪儿。

又过了几天，失落的晓雯突然接到一个陌生来电。电话那头，是一个看到寻狗启事的小区保安，保安说："你是不是在找一只狗？白色的，有一只耳朵耷拉着？"晓雯眼睛瞬间瞪大，声音急促地喊道："对对对，就是我的狗！它在哪里？"保安说："我发现一个疑似偷狗的人，你赶紧过来看看吧。"

雪儿很通人性，也很机灵，它走丢的那晚，遇到了一个快递小哥。那个小哥住在地下室里，雪儿好像能够判断快递小哥是喜欢自己的，所以它像当初遇到晓雯一样，一直跟着小哥，怎么都不肯走。小哥带着它回到地下室里，住了一个多星期，小哥也不知道它喜欢吃什么，就给它买了火腿肠。在小哥带着雪儿遛弯的时候，恰好被看到寻狗启事的保安发现了，可是保安怀疑快递小哥是偷狗的人，这才通知了晓雯。

晓雯见到雪儿简直喜极而泣，他非常感谢快递小哥，要给钱，可人家不要。小哥挠挠头，不好意思地说："你只要帮我跟保安解释一下，我真的不是偷狗的就行。"

晓雯、雪儿、快递小哥，他们好似都流浪在这座城市，而一条小狗，打动了许多人的心，让许多流浪的人之间有了一丝联系，一些温暖。这小小的生命，就像一束光，照亮了他们孤独的世界，也让这座冰冷的城市，有了可以触动人心的柔软与温情。

雪儿的耳朵应该是受过伤，有一只是耷拉着的。它真的是我见过的性格最温驯的狗，那段时间，晓雯的媳妇在南方工作，他们异地了多年，晓雯每天跟雪儿一起生活，晓雯练字时，雪儿就乖乖地做个白色地毯，趴在晓雯身边。晓雯出去越野时，也是带着雪儿一起，慢慢地，晓雯朋友圈的照片里，总是会出现一只白色的、安静的狗。

晓雯每天早上带着雪儿遛弯，有一次，还被附近热心的北京大妈教育了一番，说他不把媳妇接过来，天天跟狗一起过日子不是个事儿。

媳妇一直也没接过来，晓雯的日子过得倒也潇洒。后来，晓雯朋友圈的小白狗慢慢变成大狗。

如今雪儿在不同的地方都留下了它的小宝贝。有段时间，雪儿被送到了在杭州的媳妇身边，丈母娘有时会带雪儿出去遛弯。社区里有一只纯种萨摩，雪儿和它玩闹之后便留下了种，生下一窝纯白的小狗。

丈母娘还曾打趣说，当时雪儿和那萨摩在一起的时候，人家主人可气坏了，担心生了小狗可怎么办。结果小狗生下来，一个个漂亮得不像话，像小天使一样。丈母娘想要一只，人家都舍不得给，全都自己养着。

在北京住的时候，看门大爷不知从哪弄来一只纯种萨摩，天天拴在那，雪儿总是跑去和它玩儿，也因此又生下了一窝。

这十四年，晓雯的足迹遍布大江南北，而无论去往何方，雪儿总是如影随形。每一次踏上旅途，那小家伙儿的兴奋劲儿简直能溢出来，眼睛亮晶晶的，仿佛周遭的一切都是世间罕有的新奇玩意儿。

以往出行，晓雯总会贴心地在后座预留一方小天地给雪儿。小家伙儿呢，就那么直挺挺地站着。小脑袋随着车的行进而微微晃动，两只眼睛像被磁石吸引一般，紧紧盯着前方不断变换的风景。那模样，好似一位专注的小小孩童，对即将展开的未知旅程满怀憧憬与期待。

然而最近这一趟行程，却有些不同寻常。或许，是岁月在雪儿身上悄然留下了痕迹，又或许，是这一路的奔波着实太过劳累，晓雯能明显地感觉到雪儿的疲惫。它不再像往昔那般活力满满，常常蜷缩在座位上，眯着眼睛打盹儿。睡一会儿，又迷迷糊糊地睁开眼，瞅瞅身旁的他，那眼神里，似有依赖，又似在确认是否已抵达目的地，随后便又缓缓合上眼，继续休憩。

在晓雯的世界里，雪儿就像密友、像家人，是陪伴着他浪迹过天涯的战友。一般狗狗的寿命就是十几岁，晓雯一位朋友的狗仅仅活了 12 年，一想到已经 14 岁的雪儿，晓雯心里是有些难过的。

三

晓雯的身影，犹如他走过的那些国道与野路，好似一道孤独却坚毅的辙印。自 2013 年那个夏天，摩托车的引擎首次在奔赴满洲里的方向上轰鸣，他仿佛与一种宿命般的流浪紧紧相连。那未知终点的长途旅行，像一首没有终章的歌谣，总在他耳边悠悠吟唱，或许唯有当衰老如藤蔓般爬满全身，让他的身体再也无法承载那逐风的梦想时，才会悄然落幕。

平时，哪怕仅仅是周末这样的短假期，想约到晓雯都很难。他就像被施了法，只要一有闲暇时间，就一定驾车跑出去。我曾好奇地问他："你每次这样出去，是不是去放空自我，是去换血吗？到底是什么让你对远行如此着迷？"晓雯微微沉思后说："或许，是我骨子里对孤独的向往吧。"

晓雯是个有点矛盾又独特的人，他珍视朋友，却又憧憬孤独。我曾经调侃晓雯，说他是个孤独的浪子，但他的确很享受这种独来独往带来的心境。而他将这种孤独演绎到极致的经历，便是那一年，他一个人踏上长达12天的摩托车骑行之旅。

那一天，晓雯展开地图，里面有太多自己从未涉足的角落，而身在北京，地图上的东三省看似近在咫尺，却是在他心中遥远而未知的土地。内心好像有东西要冲出去，此刻，已经没有门能关住他了。那一刻，他对外界的向往，是对平淡生活的叛逃，还是对内心真实渴望的奔赴？或许二者皆有。北京太大了，很容易迷失方向，所以，如果给自己些许时间出去看看，或许内心能找到些什么。

回想起2013年，他独自骑着越野摩托车开启了前往满洲里的漫长旅程，历时12天。出发前，他精心准备，修摩托车的工具、备胎、压缩饼干，还为了防止路上没油，找朋友借来大油箱并改装到摩托车上。考虑到摩托车胎壁薄容易扎胎，他反复练习换内胎，准备了多条内胎，又跟朋友借了帐篷，购置睡袋与 GPS，毕竟有些地方手机导航毫无用处。他没有和媳妇竞男商量，那时他们夫妻还是两地，他毅然决然地踏上征程，仿佛有一种无形的力量在驱使着他，一定要去寻找一个答案，让自己弄明白、想清楚一些事情。

晓雯一路向北，沿着北部边境线穿梭，那沿途的风景都美得像油画。他路过一片干涸的湖，地面生长着一抹抹鲜艳的红色植物，像是大地裸露的赤诚之心。他的目光被深深吸引了，那一刻，他觉得自己就像电影《燃情岁月》中的主角，独自远行，放下一切，那种决绝的状态，是他一直向往的。一路鲜少有人，他就能彻底放空自己，去思考问题。12 天的旅程，让他感受到一种前所未有的充实与宁静，仿佛在这孤独的旅途中，他找到了与世界、与自己和解的方式，哪怕只是暂时的。

在晓雯独自旅行的日子，我看到他当时发的朋友圈，对其中一张照片印象深刻。那是一片广袤无垠的草原，湛蓝的天空纯净得没有一丝杂质，几朵白云像是被随意涂抹上去的棉花糖，轻盈地飘浮着。画面中央，一棵形状独特的树孤独地站立着，树旁停靠着晓雯的摩托车，摩托车上驮着一些行囊，仿佛在诉说着这是一场有准备的远行。晓雯站在树的不远处，用镜头定格下这张没有自己身影的画面。

看着照片，我在想，在那片广阔的天地间，晓雯就像一个孤独的探索者，那他找到内心的宁静了吗？他总是避开人群，哪里没人就去哪儿，会不会有什么危险？

事实上，危险没遇到，但的确有波折。晓雯太喜欢独行于渺无人烟之地了，但旅途中，他遭遇了多变的天气。他是9月份出去的，一去就遇上寒流，他在小小的帐篷里度过一个个夜晚，尽管帐篷并不十分保暖。他穿上所有能保暖的衣物，依旧被冻得瑟瑟发抖，但内心却满是充实与宁静。那边的天气也很奇怪，早晨还是晴空万里，中午就云层渐厚，下午的时候便会突然下起阵雨，把晓雯全身浇透。而后的大风又将湿透的衣衫吹干。

在原始森林中，晓雯也曾迷过路，从山里走出来都快夜里10点多了。幸运的是，他只碰见了小鹿，并未遭遇什么野兽。晓雯爱死了那次独行，回到北京以后，他又买了一辆宝马的摩托，本想着下次能骑着它去西藏。但之后，他又买了越野汽车。

2017年，晓雯本打算独自开车去西藏，却被哥们儿执意跟随，无奈之下，他也带上了竞男和雪儿。所以，和那12天的骑行不同，少了些独行的纯粹，多了些温暖的陪伴。

2024年上半年，晓雯、竞男带着雪儿踏上川西之旅，那一路玩得非常尽兴。车子在川西如诗如画的山川河流、蓝天白云间穿梭，车窗外的美景就像一把神奇的钥匙，悄然打开了夫妻俩的心门。

一路上，他们畅所欲言，话题从生活中的柴米油盐，到对未来生活的美好憧憬；从曾经的磕磕绊绊、一方犯错后另一方的宽容谅解，到那些曾让彼此心里窝火的瞬间，全都毫无保留地倒了出来，真的是无话不谈。在这一来一往的交流中，夫妻间的感情不知不觉又深厚了几分。

等玩够了回到北京，老丈人打来视频电话，关切地问这次旅行有啥收获。晓雯腼腆地笑着说：“这次最大的收获，就是我和竞男的感情更好了。”老丈人也笑着说：“那可太好了。”晓雯说，以后出门，说什么也不会再把媳妇落下了。

以往在北京周边玩儿的时候，他总觉得媳妇太麻烦，每次都要带很多不必要的东西，把车塞得满满的。之前他们也走过一些野路，每每坡稍微陡一点儿，媳妇便会本能地、紧张地说：“这路太吓人了，我害怕！”每次听到这样的话，都会让晓雯有些恼火，他就会觉得，真事儿。

但是这次不一样，他们一起经历了川西的雪山，那绝对算是一次很大的冒险。当时，竞男与他一起下车装防滑链，那个活儿一般人是干不了的，加上当时下大雪，寒风凛冽，吹得人直打哆嗦。但是晓雯一直没有慌，而一旁的竞男也不再慌乱，而是跟晓雯一起面对，他才发现媳妇并非那般矫情，而是能够与他共患难的伴侣。这个巨大的收获，真的要感谢这次长途旅行。

2024 年下半年，他们又跑了一次西藏、新疆，进入那片遥远而神秘的疆域之后，经常会看到很多转山的人。每次看到沿途那些一路五体投地、虔诚跪拜的人，晓雯也会不解，他会想，到底是什么让他们如此笃定？如此决绝？

在一个被时光遗忘的小县城里，一家毫不起眼的小旅馆，成了晓雯心灵触动的转折点。他在那一方小小的屏幕上，看到了一个足以撼动灵魂的视频。那是一位车友在冈仁波齐的奇遇：彼时，一对中年夫妻正蹒跚于转山之途，妻子的脸色如纸般苍白，血氧含量极低，随时都可能会有危险。车友见状，赶忙上前提出带他们下山就医。然而，丈夫竟然拒绝了，后来，丈夫请求车友只带妻子离去，自己则要继续转山。车友顿时急了，带着一丝愤怒说道：“你老婆都这样了！转山就那么重要吗？”妻子听闻，泪水决堤，满是绝望与无助。最终，夫妻二人相伴下山吸氧。直到最后，他们才说，丈夫的背包里，装着孩子的骨灰。那好似一份沉甸甸的、无处安放的寄托，所以他们才去转山。知晓这一切的车友，忍不住眼眶泛红，泪水潸然而下。

看到这个故事，晓雯的泪水夺眶而出，那一刻，他开始意识到，那些每一个踏上远途的人，都在寻找属于自己心底的答案。就如同当年独自骑行于满洲里的他一样。那一路的孤独与风景，皆是他与自我灵魂的对谈。或许，终其一生，那答案也都如水中月、镜中花，难以真正触及。但那追寻的旅程，那一路的风雨兼程、山川湖海，本身便写满生命的意义。

这一趟长途旅行，所走的路与上一次全然不同，在这片号称世界第三极的土地上，在那广袤的无人区，一天开车都难遇人车的孤寂中，他若独自前行或许会更加肆意，但他带着竞男和雪儿，便会在意他们的感受。这让他多了牵挂与责任，也因此放弃了一些可能的冒险之路。他渐渐摸索，学会了在自由与责任之间寻找微妙的平衡点。竞男与雪儿的爱与陪伴如暖阳，丝丝缕缕渗进旅程的每一处缝隙，赋予这一路的脉脉温情，让每一段行程都镌刻上独属于他们的印记。

四

在行业内经历了多年的深耕，晓雯在北京的影视后期行业已经有了名气，但也面临着高成本、项目同质化、各方面突破难等困境。有段时间，行业内南方市场的崛起引起了他的关注，尤其是杭州，凭借其独特的文化氛围与新兴的影视产业布局，正吸引着众多业内人士前往探寻新机遇。恰好在 2017 年，晓雯的老板在杭州开拓新市场，成立分公司，这一契机宛如一道曙光，为晓雯的事业开辟了新的航道，公司安排他去组建团队，于是，他带着满心的期待与憧憬，前往杭州。

一开始，晓雯北京、杭州两头跑。渐渐地，那座充满诗意的城市，一步一景都让晓雯真心喜欢，于是干脆举家搬了过去。那是他第一次真正意义上搬离北京。全家迁移时，他望着屋子角落里，堆积得有一米多高的宣纸，心中五味杂陈。那些宣纸都写满了毛笔字，都是他平日里临帖练字的见证。但是对于要搬迁的他来说，那几十斤的重量，既占地方，又似带着一种难以言说的负担。最终，他选择了断舍离，在小院的水池边，将那些宣纸付之一炬。那一刻，火焰舔舐着纸张，纸灰随风飘散，仿佛在与过去的自己做着一场郑重的告别，而那些宣纸，烧了整整 4 个小时。而在纸灰纷飞间，晓雯的眼神中既有对过去的眷恋，又有对未来的期许与忐忑。

那时，他也卖掉了摩托车，做好一切准备，为了工作，奔赴杭州。其实，他内心深处虽然是喜爱杭州这座城市，但潜意识里又觉得，自己还会回到北京。他知道，当时影视行业在杭州的机会相较于北京，实在是少之又少，北京在这方面的优势，就像一块巨大的磁石，吸引着他。

在杭州的日子里，新公司业务的开展远不如预期那般顺利。影视行业的地域差异、团队磨合的艰难，让晓雯在工作中频频受阻。每个长夜，他望着窗外陌生的街景，心中便涌起对北京的思念，想念那里熟悉的创作氛围、默契的团队伙伴，和打下烙印的生活。

深思熟虑之后，最终，他还是选择了回到北京，回到那个承载着他太多回忆与梦想的地方。他果断辞职后给自己留了个假期，也是那个时候，他才有了时间第一次自驾去了西藏。

如今，许多北漂以及在外打拼的人，到了一定年纪，都会陷入一个尴尬时期——中年危机。在这个阶段，他们大多上有老下有小，孩子入学、父母养老等问题接踵而至，带来方方面面的困扰。

近些年，社会上出现了一批逃离北上广的人群。2019年，晓雯第二次离开北京，有人认为，他的离开正是一种逃离。

一直以来，许多年轻人被大城市的灯火感召，却也被日常的琐碎消耗，争议一直存在，北京的工作机会众多，令人神往，但是同时它也令人感伤。不断出台的诸多政策，正在一点一点消磨年轻人的野心。游移、沮丧成了北漂人群的伴生成本，但这也是大都市的魅力所在。这座城市只提供可能性和宽容，但是绝对不会对任何人提供安慰。其实，这种年轻人对于北京生活的困惑，在世界上任何一个大城市都很相似，因为，向来靠自己打拼都是不易的。

我们打拼的地方似乎是在抛弃我们，如果放弃打拼的城市回到老家，一定会有许多的不适应，影视这一行更不用说，在小城市根本没有工作机会，多年在外的生活也不可能适应老家复杂的职场人际关系，而北上广越来越苛责的生存环境，又是个无形而巨大的压力，让许多人纷纷选择离开北京。

晓雯曾经是好莱坞电影《功夫之王》跟组拍摄中，唯一的中方视效指导；电影《龙门飞甲》的CG特效主管；动画电影《大圣归来》的特效总监；电影《捉妖记》的CG总监，这几部作品都是大制作，并且后两者都是2015年动画和视效电影的票房冠军，至今也是口碑与票房的佼佼者及经典之作。

晓雯在影视行业经受了多年的洗礼，已经不再需要什么项目来证明自己的实力。他总是为他人作嫁衣，是时候考虑自己该如何生活了。是继续过着北漂的生活，还是考虑回归，相信这个问题困扰着太多人。而2018年，母亲意外的摔伤加速了晓雯的思考，让他决定离开北京，离父母越近越好。

不管是否情愿，生活总是催我们迈步向前。离老家只有三个小时的车程，让晓雯选择加入了武汉一家颇有名气的动画公司。晓雯匆匆收拾行囊，再次与北京告别，开着他的越野车，去奔赴新的生活。

初到武汉时，许多人不理解他为什么离开北京。但对他来说，离家近，虽然挣得比北京少，但是压力真的小，也可以开心一些。每天上班骑自行车只要十几分钟，开车回老家只需三个小时，租房便宜，开车不限号，周末说回家就回家，这些都是吸引他的地方。

但时间一长，问题渐显。当地影视行业发展空间有限，与新同事合作也不及在北京默契，车友交往中也深感南北差异，这让他苦恼不已，对北京的思念也越发浓烈。

那时，他正在武汉做一部动画电影，那个项目持续了不到两年，其间出现了一些晓雯无法认同的问题，就再一次辞职。而那部动画电影历经六年，2024 年终于上映了。晓雯向来讨厌办公室政治，从不愿意站队，随着职位的提升，他不得不在团队与老板之间找平衡，但也不愿意违心地损失员工的利益，更不愿意陷入争斗之中，这些技术以外的、人际上的周旋有时候让他很烦躁。在行业不景气、公司内部运营面临诸多挑战的情况下，他也有迷茫甚至绝望的时刻。

最为绝望的时候，晓雯甚至想过转行，回老家开个书法学校。连学校名字都想好了，就叫“北归先生书法教室”。他太想开心地工作、简单地生活了。那时，“内耗”这个词还不流行，但我认识的晓雯从来不内耗。在工作方面，他一旦察觉到诸如公司氛围变质，或者陷入人际争斗这类令他不爽的情况，便会即刻转身离开，绝不委曲求全。而在生活中，地下室也好，平房也罢，即便没有暖气，他也能泰然处之，毫无怨言。

最终，晓雯内心几番挣扎权衡后意识到，北京虽竞争压力大，但充满机遇。且他北漂多年，已很难融入武汉，无论是人际交往还是交流风格都不适应。那段时间，他感觉自己像是一棵移栽异地的大树，而根仍在北京。于是，他毅然辞去武汉的工作，如归巢的候鸟般重返北京，继续追逐属于他的梦想。

2021 年过完春节，晓雯在武汉辞职后回到北京，迅速入职了一家新公司。公司位于雍和宫附近，晓雯每天驱车 2 个小时往返于上下班的路上。当时，晓雯正在赶某大公司的一个游戏 CG。每个项目临近尾声时，都需经历熬夜加班乃至通宵达旦的忙碌，他为此连续熬了一个月，五一放假也未曾休息。终于，项目在 7 月 10 号通过了最后的版本。前一天通宵后，早晨交完活儿，白天晓雯睡了一整天。

因为五一未放假，晓雯本想马上开车回老家看望父母，怎料，在那次归途中，他竟与死神擦肩而过。

五

那天，他本想通宵后，白天睡一觉就当作休息好了，夜里便开车出发回老家。他向来喜欢开夜车，觉得夜里车少人稀，没有白日里的喧嚣与纷扰，而且无须像白天开车那样还得操心一日三餐。他觉得，光线无论是从亮转暗，还是从暗转亮，这一过渡的过程都藏有安全隐患，极易让人产生疲劳感，并且在光线条件差的情况下，事故发生的概率也会增加。所以，他总是偏好于在夜里驾车出行。

这一千公里的路途，以往一夜就能顺利抵达。然而，从北京回去，在离信阳还有几十公里的地方，一场噩梦毫无征兆地降临。

车祸是如何发生的，他至今都毫无记忆。很多人都猜测，可能是疲劳驾驶导致他睡着了，但他对此毫无印象。撞车之后，他陷入了短暂的失忆状态，醒来时发现自己被困在车中，一切仿佛在梦中一般。左边车窗玻璃破碎，前面挡风玻璃也已损坏，虽未碎落但整个塌了进来，他感到整个世界都变得扭曲而陌生。

他玩摩托车和开车多年，一直都小心谨慎，向来对生命心怀敬畏，从未出过任何差错，这次却遭遇如此惨痛的教训。车祸致使他断了 10 根肋骨，右腿膝盖骨和左腿小腿骨折，右手小臂也骨折了。他撞上了一辆停在快车道上准备施工的工程车，那辆车没有放置任何“道路施工安全标志”。当时天刚蒙蒙亮，他以 103 迈的速度径直撞了上去，幸运的是，后方并没有其他车辆，否则后果不堪设想。

医生说，因为晓雯经常锻炼，肌肉对骨头起到了很好的保护作用，虽然骨折但未错位，只需固定就能长好，不过膝盖骨碎裂，必须手术。直到 2023 年五一，他才再次走进医院，拆除了钢钉。如今，晓雯虽已能使些力气，比如有了一定的爆发力可以“踹人”，但下楼梯时半弯状态下，腿部还是会发软无力。他知道，可能很难再恢复到从前的力量与速度了。以前打拳时，他力量十足、出腿迅猛。曾经的“一代腿王”，或许就此风光不再。

车祸之后，晓雯仿若在鬼门关前溜达了一遭又折回。他开始琢磨，这人，就该把日子过得滚烫，不留遗憾，才算是没白来这世上走一遭。

那时，晓雯刚刚换了住处。在东六环外的一个村里，他在村头租了一个一百八十多平方米的大开间，棚高三米，阳光充裕得不像话，窗外是一片浩瀚的银杏林。他把屋子隔成三间，其中一个作为工作间，工作间一边的电脑桌上放着他工作用的工作站；一角的写字台上铺着毛毡布，上面是一沓他练字的宣纸；另一边则支着巨大的油画架。旁边是一大架子的油画颜料，架子后面则是一大摞绷好的油画布。而每个房间的墙面上都挂满了他的油画。那些画都是他每次旅行的记忆。

那房子宽敞又实惠，只是缺了暖气。晓雯感慨，在北京这 21 年，住有暖气的房子的时间累加起来竟不足两年。他向来不热衷于买房，手头的钱大多花在了兴趣爱好上。曾几何时，他砸了不少钱在买摩托车上。学会开车后，他又购置了顶级的越野车。搁在以前，旁人或许会诟病他不懂理财只知玩乐，可如今，大家都由衷地钦佩他活得通透，明白生活的真谛究竟为何。

腿伤还没好，走路还不利索时，又赶上疫情肆虐，天地仿若被囚于无形的樊笼，哪儿都去不得。那些日子，村子里的大喇叭不定时地叫嚷，那声音直往心里钻，搅得人心浮气躁。那时，他发现自己全然没了写字的心境，实在静不下来。他急需寻一个更为肆意、更能宣泄的出口。

他在网上买了画具和油画颜料，在画布上肆意涂抹。那个感觉和写字完全不同，笔触所至，尽是畅快，不知不觉间，画了两年半。这期间，我曾三次踏入他的“阳光画室”，眼见着他越画越好，如同当年的毛笔字。他起初练字时，我嘲笑过他的字写得很憋屈，我还幼稚地跟个小学生一样，在他的宣纸上拿毛笔画小乌龟。这么多年过去，哪里还有半分憋屈，分明是笔意纵横，洒脱自在。所以，看着他的画，我知道他一定会越画越好，而更好的是他作画的过程，那又是一个自我疗愈、自我升华的过程。

晓雯画的风景居多，都是他旅行去过的地方，画幅都不大，却盈满了对这世间的热爱与眷恋。他沉醉在这个新的爱好之中，每次深夜画完收笔，晓雯都会轻轻拍醒熟睡的竞男，满是期待地问：“老婆，看我这幅画得怎么样？”每次得到回应都会很开心，然后又自顾自地问：“这幅画挂在哪儿呢？”如今，晓雯的屋子满墙的油画，在阳光的斜映下闪着金光，让整个屋子都浸染温馨与美好。

六

晓雯一直是个很性情的人，过得潇洒肆意。但毕竟已经人到中年，有些话题也染上了几分岁月的凝重。现在他也会想，自己还能干多久？就目前这个行业的状况，我们已经算国内首批三维动画的从业者了，这个年纪还在一线技术岗位的寥寥无几。要么自立门户，要么另谋出路。前方的路仿若迷雾，无人指引。有时候，小雯觉得，再做五年，至多十年应该也干不动了。

我突然想起，2009 年，那时整个行业的中外交流异常活跃，公司里也有几个外籍员工。当时来了一位头发花白，六十多岁的白人大爷，来给我们部门做后期软件培训。那时大家嘴上都叫他皮特大爷，但心里都嘀咕，这么大岁数了还上班呢。但是现在，我们真的很羡慕，那些能以技术傍身的人，可以一直做技术。而此时，我们这个行业里的中年人，基本被排除在外，这是悲哀。不过，晓雯也抱着一丝乐观。他目前在谈的三个工作，都是在做原创动画电影的，都是知名的大公司。疫情导致院线惨败，但是又催生了番剧的爆火，这些起起伏伏中，总会夹杂着机会。人总是要抱有希望的，不是吗？

前段时间，晓雯的一个车友在怀柔租了个小院子，把它做成了民宿。邀请晓雯一起去度周末。回来的路上，竞楠和晓雯说，或许他们也可以在北京周边租个小院养老。晓雯还从没想过这些，五年后、十年后自己要去哪儿？要去干吗？很多事，他还没想明白。

北京这座见证了晓雯喜怒哀乐的城市，就像一位默默陪伴的老友，接纳着他的一切。在这里，梦想与现实交织，孤独与陪伴共存。晓雯对这座城的爱，不仅源于它给予的机遇，更在于它见证了他和竞男、雪儿之间无法割舍的深厚羁绊，以及一众好友间真挚的情谊。这份爱，如同心底的一抹暖阳，即便岁月变迁，也始终熠熠生辉，让他在这座城市中，找到属于自己的归属与安心。

待腿伤好了，骨子里那股子不羁劲儿就又蹿了起来。他像一个执拗的老牛仔，把报废的越野车换成新的，又一踩油门，扬尘而去，继续追逐那公路尽头的诗与远方，不管它风雨兼程，反正只要车轮还在转，故事就不会停，流浪的灵魂便永远在路上，去邂逅那些不期而遇的风景，去拥抱那些萍水相逢的温暖。

不管怎样，晓雯一直对生活满怀热忱，对北京情牵不舍，无论他去哪儿，他总会回来。

来自晓雯的留言：

虽未满血，但已复活。

太阳照常升起！

故宫一生情

本期主角

苑洪琪

故宫研究员

1976年毕业于天津南开大学历史系。同年分配到故宫博物院，从事清代宫廷历史陈列和研究。至今依然活跃在宫廷史文化一线研究与传播领域

一

11月的北京，深秋的气息越发浓重，早晚寒意如潮水般肆意蔓延，好似要将整座城市都裹进清冷之中。唯有正午时分的阳光，宛如一位温情的老友，慷慨地洒下温暖，驱散周身的凉意。

就是在这样的时节里，我驱车行驶了70公里横穿北京城，慕名来到苑老师的家中。敲开红色的大门，踏入屋内，整个屋子都被阳光烘得暖暖的。那一下午的时光，在与苑老师的倾心交谈中悄然流逝，她就像一部行走的“文化宝典”，那些关于紫禁城的、关于她自己的故事，都细细道来。我如获至宝般聆听着。

待我告别时，天色已暗下来了，暮色笼罩世界，可我心里那暖阳般的温暖丝毫未减。

苑老师在宫廷文化领域声名远扬。电视台也多次诚挚地邀请她作为嘉宾，为广大观众揭开故宫文化神秘的面纱。

作为一位老研究员，苑老师专注于清代宫廷饮食文化的研究，系统地探讨了宫廷饮食与帝王养生的关系，出版了多部相关著作。她曾主办宫廷原状展览和大型专题展览，注重还原紫禁城建筑的使用与宫廷文物的展示，为公众提供了更直观的宫廷生活体验。苑老师撰写了多部关于宫廷生活的学术著作，并通过这些著作向公众传播清代宫廷文化，提升了公众对古代宫廷生活的认知和兴趣。

七十三岁，多数人或许都已放慢生活的脚步，安享晚年了，可苑老师依旧精神矍铄，每日为了心中热爱的文化事业忙忙碌碌，那劲头就好似年轻人一般，让人由衷地钦佩。

还记得初见苑老师的那一刻，让我下意识地就联想到自己的母亲，脑海里不禁思索起母亲如今的年纪来。生命恰似花开花落，各有其既定的轨迹，在旁人看来，花期一过，便只剩凋零的落寞。然而苑老师却在众人都以为花期已尽、芳华不再的时候，凭借着对生活的热忱、对文化传承的坚守，巧妙地延续着自己生命的精彩，绽放出别样的光芒。这种生命的鲜活模样，让人向往。

也正是这样独特的苑老师，让我越发深切地感受到北京这座城市的魅力所在。北京城就像一个偌大的宝库，藏着无数如苑老师这般有着精彩故事与不凡情怀的人，不经意间便能带给人深深的触动与感动，叫人怎能不爱呢？

苑老师亲手沏了一壶花茶，香气四溢，让我想起办公室里的天津同事常喝的也是这花茶。

花茶的香气袅袅升腾，仿佛将我带入了苑老师记忆的深处，也让我不禁好奇，在她丰富的人生画卷中，那些早期的经历是如何绘就她如今独特的模样的呢？于是，时光的车轮开始缓缓倒转，带我回到那个充满故事的年代，去探寻她所经历的一切。

二

时光回溯，苑老师年少时在天津老家赶上了那个有故事的时代——上山下乡。那是一段有着别样印记的日子，如今回想起来，仍满是感慨。

1969 年 5 月 19 日，年仅 17 岁的苑老师，被时代的浪潮无情地卷入其中。她匆匆收拾好简单的行囊，满怀着复杂的情绪告别家乡天津，毅然奔赴地处黑龙江（后划归内蒙古呼伦贝尔）的偏远农牧场——新巴尔虎右旗奥尔金牧场，就此踏上了知青生活的征程。在那个特殊的时期，像她这样从天津奔赴此地的知青可谓寥寥无几。

她所在的牧区并非传统蒙古包聚居地，而是农牧场下设分厂。这里生活虽艰苦，但每日吃食堂、领工资，尚算安稳。

那时，苑老师的工作主要是围绕着牧业展开。起初便是做挤奶工，她还在牛犊舍悉心照料小牛犊。小牛刚生下来的时候非常羸弱，得像照顾小孩子一样，用手捧着小牛犊，一口一口地给它喂奶，且奶要兑水，这一工作虽烦琐，但她做得极为用心。

苑老师笑着伸出手说：“你看我这手多大呀，就是挤奶练出来的。”挤牛奶看起来挺潇洒惬意，但那是天气好的时候。可牧场 8 月底的时候，就很冷了，伸出手都会冻得不得了。

牧场环境恶劣，寒冬时母牛乳房常被冻裂，挤奶工需用温水捂热后才能继续工作，而流行的苏联电动吸奶器在冬天也难以完全发挥作用。即便如此，苑老师每天仍规律地挤四次奶，她的双手因长期劳作变得宽大有力。凭借着这份努力，她表现出色，被评为学习标兵，成为知青代表，常被推选参与各类活动。

随着工作能力的提升，苑老师迎来了新的机遇。牧场打算培养她做会计，从最初的懵懂无知到逐渐精通业务，她先后担任会计和出纳，后又负责整个牧场的会计事务，挑起了沉重的担子。不久，场里成立基建队，她又被调去负责相关工作，在不同岗位上不断成长。

三

然而，在那个特殊的时代，知青们的命运也随着时代的浪潮不断起伏变化，其中知青考大学这件事，在那段充满故事的岁月里，就像一场起起伏伏的旅程，令人至今回想起来，仍是不胜唏嘘。由于历史原因，高考制度曾经中断 11 年，直到 1977 年才正式恢复。但在 1970 年开始施行推荐入学的制度，这是在高考制度尚未恢复之前的一种替代方案。那时实行“群众推荐，领导批准和学校复审相结合的办法”招收工农学员。这种推荐入学的制度一直持续到 1977 年高考制度正式恢复。

在当时，知青们面临着有限的人生选择，大多数人只能在牧场日复一日地劳作，教育机会稀缺，上大学成为改变命运的极少数途径之一。尽管如此，苑老师心中始终怀揣着对知识的渴望和对外面世界的向往，继续求学的念头从未彻底熄灭。

然而，命运的波折却接踵而至。1972 年，在经过一次审核失败后，苑老师幸运地再次获得推荐资格。那时正值冬季招生，春节的时候下通知。这次审核全部通过，苑老师满心欢喜，迅速办好所有手续，怀着对大学的憧憬返回天津过年，她仿佛已经看到了自己踏入黑龙江大学外语系日语专业课堂的画面，那是她在艰苦的知青生活中看到的一丝曙光。

然而，日子一天天过去，入学通知却石沉大海，杳无音讯。

焦虑如藤蔓一般，在她心中迅速蔓延，她再也按捺不住，急忙向厂里发去电报询问情况。当收到厂里那冷冰冰的“你回来吧”四个字时，她的心猛地一沉，仿佛坠入了无底的冰窖。那一刻，酸楚如潮水般涌上心头，她怎么也想不明白，为何自己努力争取来的机会就这样无端消失了。回到农场一打听，得知竟是自己的名额被某位领导的女儿顶替了。这残酷的真相就像一记重锤，狠狠地砸在她的心上，委屈的泪水在眼眶中打转，但倔强的她硬是强忍着不让泪水落下。

1973 年，苑老师又获得了第三次推荐机会，但这次需要考四门课程，考试时长为三天，考生需要在考场附近住下。

当时考场里有三位负责招生的老师，来自天津大学和天津师范学院。因为都是天津人，晚上休息的时候，苑老师便与他们闲聊起来。那时是先考试后报志愿，天大的老师热情地对她说：“你考天大吧。”当时她心里也没个准主意，就想着能回天津就行，不管是哪个学校。师范学院的老师说：“你考师院吧，咱们这儿有一批培训生，读一年就能毕业，毕业后直接在天津分配工作。”她一听不禁动了心，她的心中有了一丝期待，尽管未来依旧充满不确定性，但她仍渴望抓住这可能改变命运的机会。

可谁能料到，三天紧张的考试刚结束，还没等她返程，老师们便告知这次成绩全部作废，可能需要重考。因为当时出现了一件轰动全国的大事，辽宁的张铁生因对当时的教育制度不满，在考场上公然交白卷，并于试卷背面写了一篇抨击教育制度的文章。这突如其来的变故让苑老师的心瞬间如坠冰窖，好不容易熬过考试，却又要面临重考的命运，且不知下次考试的内容会是什么。满怀的希望瞬间化为泡影，这种未知与无奈交织的绝望感几乎将她吞噬。

绝望的苑老师回到农场，每天按部就班地工作。那时她在基建队，已经熟练掌握材料计算，无论是购买炸药、领取炸药，还是上山打石头所需的用量，她都能精准地算出要用多少，在工作中也逐渐找到了成就感。在忙碌的工作中，她渐渐冷静下来，虽然心中仍有不甘，但她开始意识到，生活还要继续，不能就这样被打倒。于是，一赌气，她就决定放弃考学，安心在牧场继续工作。在这看似无奈的选择背后，是她在困境中逐渐磨砺出的坚韧。

在牧场又度过了一年多平淡的时光，一天，突然有三个天津人来找她。苑老师急急忙忙回去一看，原来是考场的那几位老师。他们带来了一个好消息，苑老师当时在全考场考了第二名。她当时还十分惊讶，这次成绩不是不算数了嘛，还有什么用呢？老师们见状，就跟她解释，这次成绩依然有效。天津大学的老师诚挚地说：“来天大吧，这回不用你报志愿，我们已经看好你了，直接就能签。”

天津师范学院的老师也在一旁劝道：“你作文写得很好，来师范学院吧。”苑老师琢磨了一下，心里暗自比较，终究还是倾向于文科。于是，她毅然决定去师范学院，满心憧憬着一年后便能毕业回到日思夜想的天津工作，那是多么好的事儿啊。

然而，命运似乎总爱开玩笑。那三位老师离开后没过几天，邮递员送来了报到通知书。苑老师定睛一看，通知书上的学校竟然是南开大学历史系。她当时就愣住了，满脸的茫然与困惑，她根本没报这个专业，但邮递员也是一头雾水。况且前两天来的老师里也没有南开的呀，怎么就给自己分到这儿来了呢？她的心中涌起一丝不悦，暗自思忖，按她当时的认知，历史这专业向来都是老头儿们钻研的领域。她对历史专业一无所知，甚至有些抵触，但在短暂的思考后，她还是决定勇敢地接受这个未知的挑战，因为她不想再错过这次难得的机会。

那段考学的经历，恰似乘坐疯狂的过山车一样，时而攀升至希望的高峰，时而坠落至绝望的谷底，充满了意外和波折，但也正是这些刻骨铭心的经历，成了她记忆里不可磨灭的一部分，而那片承载着她青春岁月的土地，那座有着知青情谊和奋斗故事的牧场，早已成为她人生画卷中浓墨重彩的一笔。

自此，苑老师踏入南开大学历史系，开启了人生的新篇章。直到临近毕业，她才知晓，他们这批学生是国家文物局的代培生，毕业后，将奔赴北京工作。

四

1976年，是意义非凡的一年。这一年，历史的车轮滚滚向前，许多惊天动地的大事接连出现。那一年，我国许多伟人去世，唐山大地震、苹果公司成立、越南战争结束、中国重返联合国。也是在那一年，苑老师顺利从天津南开大学历史系毕业了。

苑老师当时作为工农兵学员，在当时对知青上大学有着明确规定，即所谓“从哪里来，回哪里去”，原本按规定她是该回到黑龙江当地农牧场工作的。就这样，她怀揣着对未来的憧憬与一丝忐忑，和其他4位同学一同来到了故宫。

那时唐山大地震，如同一头肆虐的巨兽，无情地撕裂了大地的安宁，天津亦未能幸免，沦为重灾区。伤亡数字相当惊人，很多地方一片狼藉。很多同学都没能及时拿到派遣通知书，除了部队定向培养的学生先行离开，她是为数不多有幸成为第一批拿到派遣证的人。消息仿若长了翅膀一般，迅速在亲朋好友、邻里街坊间传开了。一时间，苑家女儿即将奔赴北京工作，且是那无比神秘的故宫的消息，如同一颗投入平静湖面的石子，激起了层层涟漪。大家都满是期待，你一言我一语地叮嘱她，日后定要讲讲故宫的奇闻轶事，毕竟，在那个交通尚不发达、信息相对闭塞的年代，有些人终其一生都未到过北京，也未曾亲眼见过故宫。对于他们而言，故宫就像是一个神秘而遥远的梦。

苑老师永远都忘不了，那天，她乘坐烧着煤炭的绿皮火车，伴随着火车有节奏的“哐当哐当”声，晃悠了将近两个小时后，终于在北京站下了车。接着又搭乘103无轨电车，这辆103路车，直至今日仍会路过故宫门口。当电车在车站缓缓停下，她与同学们怀揣着敬畏之心，从神武门踏入了故宫。

那一天的马路，出奇得清静，全然不像她昔日来北京、来故宫时那般热闹，因为那天，天安门城楼正在举行盛世大会，北京各界工农商学兵都在参会，所以路上人车稀少。

踏入故宫那巍峨的大门，仿若穿越了历史的迷雾，时间仿佛在这里凝固。朱红宫墙如岁月的守护者，静静诉说着往昔的辉煌；金黄琉璃瓦在阳光下闪耀，折射出皇家的威严。偌大的建筑群里人影寥寥，苑老师的脚步声在石板路上回荡，仿佛是历史的低语。

按照报到地点的指引，他们需要前往慈宁宫报到。只因文物局原本所在的红楼正在修缮，整个文物局办事机构便临时设在了故宫慈宁宫这个大院子里。从报道那一日开始，苑老师的命运便与故宫紧紧相连，就此开启了在故宫长达一生的职业生涯。

那是苑老师有生以来第一次真正深入地走进故宫。以往游览都是走的开放路线，这次却截然不同，是一路往西走。在穿过那朱红色的宫墙时，仿佛是在穿越历史的长河；绕过几个蜿蜒曲折的拐弯处，每一步都像是踩在岁月的琴弦上，发出历史的幽鸣。终于抵达了慈宁宫，映入眼帘的是秋日里肆意生长的野草，它们在风中摇曳，似乎在无声地诉说着往昔的故事，入目的颜色满是岁月斑驳的痕迹。

走进慈宁宫左侧的一个房间办理报到手续时，文物局的同事们非常热情，耐心地向他们讲述着各项注意事项。故宫的工作意义非凡且责任重大，所管理的皆是历经岁月沉淀的文物，所负责的是向世人展示历史文化的展览，日常接触的无一不是凝聚着人类智慧与艺术创造力的艺术品，所以必须有充分的思想准备。与艺术品打交道时，既要小心翼翼，又得大胆行事。同时，故宫是面向大众的开放单位，需要频繁地和来自五湖四海的观众交流互动。倘若在游览路线或是工作的库房（那时库房就在游览路线内）遇到观众，待人一定要和蔼客气，因为他们的一言一行、一举一动都代表着故宫人的形象。虽说当时还没有故宫徽章，也没要求佩戴工作牌，但他们已然是故宫人了，不容丝毫懈怠。

办完工作分配的事后，苑老师被带进宿舍，宿舍就在现在的兆祥所后面的一排房子里。她的宿舍还有一位室友，当时不在，晚上才会回来。

苑老师怀着几分好奇与期待，轻轻推开了宿舍的门。一进屋，便仿佛踏入了一方满是艺术气息的小天地。那张不大的桌子上，错落有致地摆满了各式各样的画作，有的笔触细腻，有的则风格豪放。

再看那四周的墙壁，也挂满了画作，一幅幅画作就像是一扇扇通往不同艺术世界的窗户，让人不禁沉浸其中。苑老师的目光在这些作品上一一扫过，心里暗暗思忖着，对这位还未曾谋面，早早来到故宫的艺术人才越发好奇了起来。

他们是下午时分抵达的故宫，等办完所有手续，也差不多到下班时间了。从总务处领了床、桌子这些住宿用品后，还有热心的人帮忙用车将物品运送到宿舍。就在这时，苑老师的目光被一群下班的故宫职员所吸引，只见他们每人手中都捧着一盆菊花，那明丽的色彩在秋日的余晖下显得格外动人。那场景让她不禁感叹，这工作待遇真好呀，10月份正是赏菊的时候。说来也巧，苑老师的小名就叫菊，她出生时，家中恰好有一盆菊花开得正盛，仿佛是一种奇妙的缘分，所以她打小就对菊花有着特殊的情感。而此刻眼前这一片菊花簇拥的景象，仿佛是命运给予她的一份独特的欢迎礼。

当天住下后，苑老师把房间打扫了一番，她试图通过忙碌来驱散心中那一丝初来乍到的不安。然而，夜幕渐渐降临，黑暗如潮水般涌来，将她紧紧包围，一种难以言喻的寂寞感悄然在心底蔓延开来。

她的思绪不由自主地飘到了当时那份报纸上，每天都在连载着一个名为《王府怪影》的故事，那故事里的情节光是想想都令人毛骨悚然。据说那神秘的王府之中，每到夜晚，便会有诡异的灯影乍现，只要灯光一照，便能瞧见一队行径怪异、透着阴森气息的人。那画面仿佛就在眼前浮现，当时在社会上广泛流传之后，不知让多少人听闻后都不禁脊背发凉、心生恐惧。

而此刻，身处这偌大且寂静无人的深宫之中，苑老师还真有了那种怪影故事里描述的感觉。整个故宫是死一般的寂静，里面黑得伸手不见五指，只有大门以及门口的办公室还亮着灯，可一旦办公室的工作人员下班离去，那仅有的一丝光亮也如风中残烛瞬间熄灭，整个世界便被无尽的黑暗彻底吞噬。苑老师的心也随着那光亮的消失而猛地一紧，一种莫名的惶恐在心中急剧膨胀，她真真切切地体会到了那种如同怪影故事里所描述的惊悚感觉，仿佛每一个黑暗的角落都隐藏着未知的秘密，随时都可能有什么东西会悄然浮现。

她偶尔起身走动一下，那空荡荡的回廊里，每向前迈出一步，都仿佛能听到身后传来若有若无的动静，好似有什么东西在悄悄地跟着自己一般。刹那间，她的心一下子提到了嗓子眼儿，紧张得大气都不敢出，脚步也变得越发小心翼翼。可过了好一会儿，她才恍然发觉，那所谓的动静，不过是自己的脚步声在这寂静的环境里产生的回音罢了。可即便明白了缘由，那种瘆人的感觉却还是会萦绕在心头，久久难以消散。

他们住的是平房，去往卫生间的途中需要经过现在的故宫派出所。每次去，她的心里都挺胆怯的。好在同院还住着三位男生，大家都是大学里的同班同学，都很关照她。还特意叮嘱她不管去哪，都叫上他们。不过苑老师也不好意思打扰他们，毕竟大家都是初来乍到，都有不少事儿要忙。就这样，她度过了在故宫里的第一个夜晚，脑海中不时地浮现出“王府怪影”的惊悚故事，虽说整晚没真出现什么怪异情况，但那种对全新环境的陌生感还是萦绕心头，令她辗转反侧，难以入眠。而且当天走了不少路，她也兴奋得睡不着觉。

或许是初来乍到的新鲜感，又或许是对未来故宫生活的憧憬，那股子兴奋劲儿一直在心头萦绕着，翻来覆去，怎么也睡不着，她只能睁着眼睛，呆呆地望着黑漆漆的屋顶，思绪在这故宫的夜里飘荡着，久久无法停歇。

夜，越发深了，时针悄然指向将近10点的位置。她早已是迷迷糊糊，意识在半梦半醒之间游离。就在此时，毫无征兆地，她忽然感觉被子被人轻轻掀了一下。这突如其来的动静，可把她吓得不轻，心一下子提到了嗓子眼儿，整个人瞬间清醒了几分。紧接着，她听到有人大声问道："你是男生还是女生？"她凭着本能赶紧慌乱地回应道："是女生。"直到这时，她才明白是室友回来了。原来，当室友听说来了一个叫苑洪琪的人时，这个名字让她误以为是个男生。

室友名叫李湘，在故宫复制厂模画组工作。那可是个肩负着重要职责的岗位，主要负责对故宫里一些古画进行临摹的工作。要知道，故宫里有不少珍贵的古画，有的被评定为一级品，还有级别更高的，有些则是曾经流落在故宫外又好不容易收回来的。而这些古画，往往因为岁月的侵蚀或是其他原因，破损情况比较严重。在这种情况下，临摹就显得尤为重要。通过临摹，能够将那些原本可能会随着原件消逝而远去的精美画面留存下来，一旦原件不在了，这些临摹画便可替代它，继续承载着那段历史与艺术价值。

李湘就是从事临摹古画的。李湘的师父是声名远扬的冯忠莲女士，大家都称其为冯先生。冯先生耗费整整10年的漫长时光，精心临摹出了一幅《清明上河图》，如今故宫展出的便是冯先生的这幅佳作，着实令人钦佩不已。

自那以后，苑老师和李湘的关系就特别亲近，李湘在生活上很照顾她，还跟她讲故宫的历史以及工作上该如何行事等。她们在一个屋檐下，一起住了将近三年。

这便是苑老师报道当天所经历的那些事儿，时光荏苒，那些回忆却依旧鲜活如初，仿若昨日重现，每每忆起，心中便涌起无尽的感慨与怀念。

五

几年后，苑老师的丈夫去了异地工作，她则一直住在原来的宿舍。1983年，女儿在这充满历史韵味的地方诞生，大家亲切地戏称她为“格格”。彼时，丈夫远在四川尚未调回北京，一家人分隔两地，直到女儿一岁，才终于团聚。苑老师常笑着说，女儿自小在故宫长大，对这里的一草一木、一砖一瓦的熟悉程度，恐怕连自己都比不上。

2016年，央视纪录片《我在故宫修文物》火爆全网，让故宫背后默默奉献的工作人员走进大众视野。那时已退休的苑老师，凭借深厚的专业素养，以专家身份被故宫返聘。直至2022年，她才正式告别工作岗位，但仍活跃于一线研究领域，她的心，从未真正离开过那古老神秘的宫墙。

故宫，这座始建于1420年的宏伟宫殿建筑群，宛如一位历经沧桑的智者，承载着厚重历史文化，静静矗立在北京中轴线的中心。截至2024年，它已走过604个春秋，是历史的见证者，更是中华民族文化瑰宝中的璀璨明珠。朱红宫墙似忠诚卫士，守护着岁月的秘密；金黄琉璃瓦闪耀着皇家辉煌；庄严肃穆的三大殿坐镇中轴线；无数珍贵文物如璀璨星辰，镶嵌于历史苍穹之下，那些神秘的宫廷故事，更是引人遐想。

近年来，紫禁城的故事被人们反复传颂，既有严谨传承，也不乏充满想象的演绎。苑老师潜心钻研的宫廷史，便是其中的重要部分。自踏入故宫起，她便开启了漫漫积累之路。那时大学里尚无相关课程，一切都需自己摸索钻研。而她对文化传承的渴望，源于儿时家中那些看似平常却刻骨铭心的琐事。

苑老师是天津人，对家乡饮食文化如数家珍。天津人爱喝花茶，对吃也极为讲究：春天吃海鲜，夏天尝河鲜，秋天品刀鱼，端午节必吃海螃蟹，过了端午，没子的螃蟹即便再大也无人问津。为了这一口海货，有人不惜当掉冬天的皮裤，这在天津人看来，不算不会过日子，也没人会笑话。

儿时，苑老师天津老家有一套珍贵的《康熙字典》。在卫生纸稀缺的年代，家中的老奶奶未意识到其巨大的价值，每当小孙子需要擦鼻子或者擦屁股时，便会随手撕下一页。如今回想，苑老师满心惋惜，那可是《康熙字典》啊，若爷爷在世，定会痛心不已。可当时资源匮乏，传统文化被封存，很多人都如奶奶这般，觉得能用总比烧掉强。

还有一次，走街串巷的收破烂的人盯上了家中喂鸡的盆。第一天瞧见后，第二天又上门询问能否收走。妈妈起初不卖，奶奶却觉得留着无用，便同意出售。当被问价时，奶奶满不在乎地说能换个碗就行，没想到那人竟给了能买十个碗的钱，匆匆将盆拿走。后来爸爸到家后得知，痛心疾首，那可是宣德时期的物件啊！只因不懂，珍贵宝贝就此贱卖。如今想来，一家人仍满心遗憾。但在当时，生活质朴单纯的人们只着眼于柴米油盐，又有谁能洞悉其背后的价值呢？

这些经历如同一道道伤疤，刻在苑老师心中，时刻提醒她文化传承的重要性。因此，当有机会研究宫廷文化时，她便下定决心，要让更多人知晓珍贵文化遗产的价值，不让宝贝蒙尘，不让文化受损。这份领悟与使命感，让她在故宫的工作中，宛如一位虔诚的守护者。

1976 年进入故宫后，苑老师任职于宫廷业务部宫廷组。这是个科级单位，内部细分诸多板块，她主要负责管理钟表、印章、外国礼品及各类生活用具，像茶具、酒具、餐具等皆在其列，这些物件档次不一，也都有使用痕迹。而高档瓷器、珐琅器等观赏性强的生活用具，则归古器物部。

在潜心研究这些物件时，苑老师发现，诸多脉络可追溯至清室善后委员会。它作为故宫博物院的前身，在故宫博物院成立后仍存续了一段时间，其骨干后来成为故宫博物院的中流砥柱。当时的工作人员对库房物件细致分类，为后人了解其使用情况提供了便利。

同治、光绪时期，宫廷皇族人口逐渐减少，居住的空间范围也随之缩小，许多地方因而闲置，得以保留了不少此前的房屋装修与布置。苑老师有幸目睹了同治帝前期皇族的个人装修风格与使用环境。

对于历史研究者，探寻文物背后的制作缘由、历史故事及礼仪制度至关重要。例如，面对一个杯子，会追问其制作初衷、功能作用及关联的礼仪制度。而艺术研究者则聚焦于杯型设计、镶嵌工艺等，研究陶瓷时，会关注瓷碗造型、纹饰，若想进一步了解其使用场合，则需查阅档案。

宫廷组研究涉猎广泛，那些正在被使用的物件皆在范畴内，它们宛如一面镜子，能够生动地折射出宫廷生活的丰富内容与多元风貌。苑老师常对年轻同事说，库房里看似孤立的物件，恰似散落在岁月长河中的珍珠，需用历史之线串联，方能成为璀璨的项链。毕竟宫廷史研究不像陶瓷、金器研究那样专注单一门类，而是涵盖众多。

清宫中曾有一部重要的著录文献《石渠宝笈》，由乾隆皇帝下令大臣在乾隆、嘉庆年间编纂，收录了我国上迄魏晋，下至清初近两千年书画名家的一万两千余种优秀书画作品，是中华民族历史与艺术史上的珍贵文化遗产，也是苑老师做研究时需查阅的重要资料，有些东西若在此处查不到，她便会去查看清室善后委员会记录的内容。

宫廷史研究虽范围广泛，却难以在具体方面深入探究，研究者们往往只能着重挖掘物件背后鲜为人知的历史故事，试图从这些故事的丝丝脉络中拼凑出宫廷往昔的完整图景。

令人意想不到的是，苑老师讲述的历史故事，让步入古稀之年的她备受国内外媒体与民众的关注。网络上流传着很多她讲解故宫、阐释宫廷文化的视频，她的故事如钥匙，开启了人们对宫廷历史文化的探索欲，使她不经意间成为焦点。

退休前，在旁人眼中，苑老师或许令人羡慕，她亲身体验众多文物，参与举办诸多展览，还有机会多次出国。但实际上，她内心深处满是自卑。宫廷史领域在故宫地位靠后，被戏称“第二清洁队”，工作很基础且最不起眼，不仅要清理文物、送修损坏的文物，还要负责陈列室的场地收拾与布置。而且，宫廷组管理的文物与“十大国宝”等相比，显得平凡，难以崭露头角。然而，宫廷生活相关文物在国内外展览中又必不可少，因为宫廷生活最贴近现在的生活，大家都对宫廷里的日常生活极为好奇。

后来，凭借对展览流程的熟悉和对文物的了解，苑老师担任了宫廷部副主任，牵头举办了许多精彩纷呈的展览。回忆起在职的时光，她的心情极为复杂。身处那个人才济济之地，陶瓷、书画等领域专家都备受瞩目，宫廷史领域则相对黯淡，容易被人忽视，学术研究成果也不足，让她深感压抑。

经过深思熟虑，苑老师选定宫廷饮食作为研究方向。一来可避免与他人的研究重复，二来大众对其十分感兴趣，而且这个领域还是一片处女地，尚待开发。确定方向后，她便立即全身心投入研究，笔耕不辍地撰写文章。她的研究从宫廷饮食的餐具切入，她在查阅档案资料时，发现相关记录非常丰富，资料中详细记载了皇家的每日菜品与用餐餐具，部分内容都可以相互印证，这让她兴奋不已。

在研究过程中，苑老师得到了德高望重的朱家溍老先生的帮助。朱老是朱熹的第25代世孙，故宫博物院研究员、著名文物专家和历史学家。苑老师初进库房时，竟然看到了一大片火锅，数量有三四百个，她十分好奇，去向朱老请教。朱老耐心地解答，告诉她这些火锅都是用于千叟宴的，并指引她查阅相关书籍。当她询问银火锅在哪儿时，朱老说银火锅档次高，都放在古器物部的银器库了，而宫廷组负责管理的多为其他部门不太需要留存的东西。此后，类似情况时有发生，常有别的老师跟苑老师说他们发现某个物件，若宫廷组觉得属于宫廷范畴就可以拿走当作研究资料。每次遇到这种事，苑老师就越发自卑，好似自己负责的都是别人瞧不上的东西。

六

岁月悠悠，仿若潺潺溪流悄然淌过。往昔那些在职时的压抑、自卑情结，在阳光的轻抚下，渐渐淡去。如今，每当面对他人对宫廷方面的好奇询问，苑老师眼眸中闪烁着自信的光，神态自若、从容不迫、条理清晰地娓娓道来，将宫廷的故事徐徐展开。

毕竟大众探寻的多是宫廷生活中的点滴细节，而非晦涩高深的学术内容，而苑老师在这些贴合生活、充满烟火气的知识方面积累深厚，实用性很高，这让她有了强大的自信与底气。

在当下，艺术领域的同行们常慕名而来与她交流探讨宫廷文化，文艺圈子的朋友也不时找她汲取宫廷故事的灵感素材，尤其是宫廷饮食领域，作为她深耕的专长所在，其中的每一个细节、每一段故事都似珍贵宝藏，让她深切感受到过往的平凡经历蕴含的别样价值。

而这一切的背后，就是故宫这座古老宫殿建筑群的每一座宫殿都有着属于自己的独特记忆与传奇经历。

在过往的岁月里，每一座宫殿都有独特记忆与传奇，重华宫便是其中之一。重华宫曾是皇帝新年受贺、茶宴、接见外藩和与文臣赋诗联句之地。1924 年，溥仪离开故宫后，重华宫便沦为家具库房。1995 年，故宫 70 年大庆，当时计划将其开辟为外宾接待室，于是打算对重华宫进行整理，期望能重现乾隆时期举行茶宴的场景。

然而，岁月的更迭给重华宫留下了诸多改变的痕迹。要知道，这里历代都有皇室成员居住，直至同治帝、溥仪等人在此生活，一直到溥仪出宫，其间历经了多次拆改，乾隆举行茶宴时所留存的遗迹已然为数不多，诸多原有的物件、格局都发生了变化。后来苑老师将实际情况汇报给院里，大家也明白要完完全全恢复到当初的模样几乎是不可能的事了，像那些隔扇之类的物件都已难寻踪迹。不过，考虑到重华宫现存的装修大多还保留着乾隆时期的风格，最终决定在现有基础上，尽力去还原出乾隆时期的样子。

就这样，这一进三院、三间殿的地方都陆续布置好了。可到了最后那间殿，遇到了一个难题。因为要通电，得安装警报器，就需要在屋子里的一个角落设置一个闸箱。那闸箱是白色的，而屋子的墙壁上贴的是过去宫廷里那种白底绿枫叶图案的墙纸，整体看起来十分不协调。可要是把闸箱放在屋外，遇到刮风下雨的天气，又容易漏电，存在安全隐患。思来想去，权衡利弊之后，还是决定把闸箱安置在屋内了。

但这闸箱放在屋里实在太突兀了，一眼就能瞧见，着实让人头疼，苑老师绞尽脑汁也想不出个好办法来处理。

那天，正巧苑老师接女儿放学，女儿想吃雪糕，苑老师脑子里正想着事儿呢，为了让女儿安静，一下买了 10 根雪糕。随后就在路边，她一边看女儿吃雪糕，一边思考解决办法。她突然想到库房里的筒子钟，个头、宽窄都合适，正好能挡住闸箱。虽说筒子钟是清代晚期的物件，与乾隆时期的场景不太契合，但情况紧急，只能一试。

时间紧迫，第二天院里领导就要来审查了。苑老师赶忙向上汇报想法，院长当即批准，迅速安排人手运来筒子钟。安置妥当后，效果出乎意料得好，筒子钟与环境相得益彰，看上去十分协调，这让所有人都松了一口气。

然而，女儿却因吃了过多的雪糕，在学校上吐下泻，手上、身上起了很多疹子。苑老师满心愧疚，当时她一心扑在工作上，忽略了女儿。此事让她深知，做事情遇到难题处理不好，会寝食难安，搞展览亦是如此，个中滋味如同酸甜苦辣四部曲。这“苦”，就是苦于脑子里没思路，缺乏创意，查找资料的时候又找不到合适的内容，尤其是面临现实中要审查方案的时候，文字方面得严谨规范，方方面面都得考虑周全，容不得半点马虎，个中艰辛只有自己知道。

七

人生向来如此，仿若四季更替的长河，不同阶段风景各异，苑老师的生活轨迹亦是这般，充满了起伏和转折。在退休之前，她或许在早年的工作中经历了诸多内心的波澜与挑战，然而退休之后，她却宛如一只挣脱了樊笼束缚的飞鸟，在广阔的天空中找到了属于自己的自在天地，过得如鱼得水。

退休后，苑老师的生活迎来了转变。曾有一位业内人士对她说过一句话："您见识过那么多好东西，总不能把您这一身本事都带到八宝山去吧。"这句话深深触动了苑老师，令她幡然领悟。自己不能将满腹的文物知识私藏，应当回馈社会。在当下，市场鱼龙混杂，像她这样老研究员的品鉴，更受大众信赖与推崇。

苑老师对自身所积累的丰富学识和宝贵经验有着清晰认知，内心涌动着强烈的使命感，她深知绝不能让这些文化财富随着退休而被尘封。于是，退休后她积极投身于文化传播活动，继续在宫廷文化领域发挥余热，成为连接故宫与大众的重要桥梁，有力地促进了故宫文化在民间的传承与弘扬。

前些天，为庆祝故宫建院 100 年，朱炳仁、崔如琢、刘永森三位大师联手创作一件艺术品。这三位分别是："中国当代铜建筑之父"的朱炳仁大师；曾向故宫捐献一个亿、在书画领域颇有名气的崔如琢大师；擅长掐丝珐琅的工美巨匠刘永森大师。他们三人共同创作了一个宝月瓶，想借着故宫建院百年这个契机，推出一批他们的艺术品。

当时在活动现场，有人给了苑老师一份发言稿，可她一看，尽是些空话、套话。于是她征得同意后，决定自己发挥。到了发言的时候，苑老师上台后，先是诚恳地表达了自己的想法，她说："我虽是作为故宫人，来品鉴这作品，但我觉得，他们三位也都算得上是故宫人。"

随后开始逐个点评，谈及崔如琢大师，苑老师说道："崔大师将自己价值不菲的作品捐给了故宫，要知道，他的作品如今一平尺就价值十几万甚至几十万，能把如此珍贵的画作捐赠，这份对故宫的热爱，可不比我们这些在故宫工作的人少呀，着实令人钦佩。"

再说朱炳仁大师，苑老师回忆道："早在2000年之前，朱炳仁大师就在故宫办过铜器展，那时我们都会向参观的朋友推荐，看完故宫展不妨再去看看铜雕展。故宫里铜材质的文物不算突出，可朱大师的铜雕作品工艺精湛，雕刻、黏合等各方面都做得极为出色，别具韵味，值得欣赏品鉴。而且，朱大师后来还在故宫建福宫前打造了一尊以《五牛图》为蓝本的铜雕作品，模样与《五牛图》里的五头牛别无二致，如今大家都爱去摸摸它、与它合影，也算是弥补了故宫文物只能看不能摸、不能互动的遗憾。"

最后说到刘永森大师，苑老师满是敬重地讲道：“刘永森大师此前担任北京市工艺美术厂厂长，直至60岁退休。因行政职务按当时规定无法参与职称评定，其实他若参评是有机会评上的，可他觉得自己拿着厂长工资已经足够，便把机会让给别人，不跟人争，这品德多高尚啊。退休后的20年间，凭借深厚的艺术造诣，在80多岁高龄荣获国家级大师称号，这说明了他对艺术追求从未停止。即便到了这个岁数，还在坚持创作，这般热爱艺术、传承宫廷技艺的精神，太值得我们敬重了。”

苑老师的这一番肺腑之言，赢得了在场所有人的热烈掌声。她又接着感慨道：“我在故宫工作多年，别人都挺羡慕我，觉得我见识过那么多好东西，可我明白，这都是得益于故宫的好环境，也得益于当下让文物活起来的好理念。”

在苑老师眼中，故宫在文化界的地位独一无二，众人都渴望进去参观学习，一票难求。而现在通过这些大师们发挥高超的技艺，把文物复制出来，让大家既能买得起，又能实实在在地欣赏到，这不仅宣传了传统文化，又使得大师们的精湛技艺得以传承下去。

那一段段记忆，在苑老师缓缓地讲述中，如同一幅幅生动的画面，在我脑海中徐徐展开。整个下午，我一直在静静地听着，沉浸在那些故事里，听她将每一段过往都娓娓道来，不知不觉间，温暖的阳光慢慢收起余晖，而那些故事并未就此停下。

八

夜幕悄然降临，我终究还是离开了苑老师的家，脚步虽已迈出那扇门，可心却好似还留在屋内，沉浸在方才与苑老师的促膝长谈之中。昏黄的路灯温柔洒落，周围静谧得能听见自己的呼吸声，我不禁又回头望了望那透着暖光的屋子，仿佛只要再多看一眼，那些镌刻在时光里的故事就会更加真切。

今天的拜访，于我而言意义非凡。苑老师就如同一本行走的故宫“百科全书”，她毫无保留地将自己的一生与故宫的点点滴滴向我娓娓道来，那些隐匿在岁月深处的往事，经过她的讲述，变得生动而鲜活，仿佛我也跟着她一同经历了初入故宫时的懵懂好奇、在职时的艰辛与坚守，还有退休后依然为传承文化所做的努力。

在北京这座古老而又充满生机的城市里，故宫无疑是其历史文化的核心象征，承载着厚重历史与无尽故事，宛如一部无言却生动的史书，静静地诉说着往昔岁月。苑老师便在这座城里与它紧紧交织在一起，书写着一段段不解之缘。

可惜，篇幅有限，我能够呈现在大家眼前的，仅仅是苑老师漫长人生中的寥寥片段，正因如此，我也越发珍惜。

如今，当人们漫步在北京的大街小巷，最终踏入故宫那红墙黄瓦的天地，欣赏着精美文物，聆听背后的故事之时，便能深深感受到，正是无数像苑老师这般的故宫人，坚守在北京这座城市，默默付出，才让故宫不仅仅是北京城里的一座宏伟建筑，更是中华民族文化传承的鲜活见证，是沟通古今、连接历史与未来的坚固桥梁。

真心希望更多的人能来到北京，走进故宫，去探寻这座城背后深厚的文化底蕴，让故宫所蕴含的文化瑰宝在岁月长河中永远璀璨，不断讲述那些动人心弦的故事，将文化的火种传递下去，让北京这座城永远散发着浓厚的文化气息，成为人们心中向往的文化圣地。

其实苑老师和如今许多怀揣梦想的年轻人一样，并非土生土长的北京人，却在这座城市独自拼搏，站稳脚跟，实现梦想。谁能想到，56 年前，那个年仅 17 岁的少女，独自在远离家乡的牧场，天寒地冻之际，她的手已经冻得皴裂，少女日思夜想回到父母身边，回到家乡。当她被推荐进入大学的名额无端被占，当她辛苦考完试却得知成绩作废时，没有人知道，她的内心该是何等的绝望。

此刻，我的脑海中不禁浮现出一个画面：73 岁的苑老师，跨越时空，回到了那个遥远的牧场，对着 17 岁的自己，轻声呢喃："孩子，不要怕，不用慌。未来你会离开这里，你会去北京，在那里，你所有不敢想象的梦想，都将一一实现。"

来自苑老师的留言：

北京，是我实现梦想的地方。

打卤面里的光影逐梦

本期主角
吕德亮
资深电影导演、影视演员、电影编剧

一

老北京的胡同里，藏着无数的故事，每一块石板路都承载着往昔的记忆。吕德亮，这位旗人后裔，就是在这样充满故事的环境中长大的。他的家族，祖上便扎根于老吕家营，那片土地的历史，犹如一棵参天大树，枝繁叶茂，庇护着家族的传承与发展。

吕导的青春岁月，写满了热血与迷茫。警察梦曾在他心中熊熊燃烧，他正准备在正义的大道上大展拳脚之时，父亲的担忧却化作一封沉甸甸的信件，如同一把锁，锁住了他前行的脚步。这一挫折，如同老北京传统戏曲中的转折情节，充满了戏剧性与无奈，却也为他的人生剧本增添了一抹厚重的色彩，促使他在人生的舞台上寻找新的方向，开启了他在影视行业摸爬滚打的艰难旅程。

吕导每次见到我，经常会招呼说：“你家少爷好吗？”起初，我一直以为“少爷”这个词不过是句俏皮话，后来才明白，这是老北京人独有的，对别人家儿子的习惯性称呼。

在北京城的老胡同里，称呼向来是独特而有趣，蕴含着浓厚的地域特色与家族情感。吕导这样的大家族，便是这一文化现象的生动体现。

通常，老北京人互相串门时，一见到这家的儿子，往往会热情地招呼道：“哟，少爷哎。”如果是见到女儿就会说“哎哟，大闺女。”他们也有的会叫丫头，但很少会说侄女，这样的称呼，满是亲切与熟稔，仿佛这简单的称呼里，就包含了亲人、邻里间长久以来的情谊。如果是在大街上遇见，也经常会有人说：“哎哟，这小子谁呀？”一旁的人会说：“那是吕德亮家的少爷。”这种称呼，都是他们的习惯。

在吕导家中，对长辈的称呼更是很有代表性。他的父亲兄弟四人，父亲行二，他对长辈们的称呼各有不同。他称亲爹为老爸，叫老叔也为老爸，叫三叔为三爹。但管老姑也叫老爸，只有大姑就常规叫大姑。老北京人中，也有对小姨叫老爸的。

这些称呼看似复杂多样，实则蕴含着家族内部独特的秩序与情感纽带，每一个称呼背后，都有着岁月沉淀下来的故事和规矩。

吕导祖上一直居住在老吕家营，地处北京东南部。吕家营的历史源远流长，据说，金末元初时期，成吉思汗命大将木华黎攻取金中都后，为有效抵御金兵反攻，在此地驻兵扎营。随着时间推移，那里逐渐形成村落，因吕姓居民居多，故而得名吕家营。之后，历朝历代吕家营都有军营驻扎。清代，因其靠近天坛、先农坛等皇家重要场所，地理位置优越，深受皇家文化与京城主流文化辐射。

在这样充满传统气息的家族环境中成长，吕德亮的年少时光也充满了故事与波折。他的家族历史悠长，祖上也曾无限风光过。都说北京人爱玩儿，从他们家的人身上都能体现出来。吕导的父亲、大爷、老爹都是做建筑的，老爸从小学木匠，做过工程师，也是个资深的国家级质检员。老哥几个都有吃饭的手艺傍身，但是每个人都会玩乐器。老爸的长笛和萧，大爷的口琴，三叔的手风琴，老爹的小提琴和京胡，老妈从小会唱河北梆子。这一家子人都有着各自的爱好。

如今，吕导已从影 25 年，从群演做起，经历风风雨雨，一路做到电影导演。但是他是家里唯一从事影视这行的人，他极其能说会道，外表粗内里细，全身上下都是透着生命的鲜活生动。跟他在一起，很难不被他感染。

他小时候在吕家营有过无忧无虑的时光，打小就非常淘气，到处惹事儿，天天招猫逗狗，没少让父母头痛。也曾因保护妹妹，被七八个男孩子群殴，但他瞅准机会就会报复回去。就这样，吕家大儿子一直没消停过。以至于，他去当兵时，爸妈都乐坏了，心想：“这小子不能老惹事儿呀，这回终于有人能收拾他了。”可是两年后，性格改变的他退役回来，想去当警察，爸妈又无比担忧。

自儿时起，吕德亮就怀揣着一个炽热的警察梦，他去参军，亦是听从一位老警察的建议。然而，当他退伍归来，准备前往朝阳区刑警队报到，仿佛已经看到自己身着警服、英姿飒爽的模样。然而，父亲却递给他一封长达八页的劝阻信，每一页都是满满的400字。这封厚厚的信，言辞恳切，犹如一道难以跨越的鸿沟横亘在他面前。

父亲深知他的性格，那些劝阻的话，如同一把重锤，击碎了他的憧憬。他清晰地记得父亲说：“你若当个户籍警或者片警，家里并无意见，可若要成为刑警，那便意味着无尽的危险。”在父亲的想象中，刑警的工作就是经常与罪犯持枪对峙，生死只在一念之间。若是立功，全家高兴，若他不幸牺牲，那将是整个家庭的灭顶之灾，母亲会因丧子之痛而无法存活，自己也会随之倒下，妹妹的生活也将失去依靠，整个家庭都会因此崩塌。

梦想的火焰被迫熄灭了，尽管他内心对这份职业充满渴望，甚至为此付出了努力，可面对父亲如此坚决的阻拦，他在血浓于水的亲情和心心念念的理想之间痛苦挣扎，最终只能无奈放弃。这种无奈与失落，如影随形，在他心中刻下了深深的痕迹，至今20多年过去了，每每提及都会一声叹息，但这也成为他人生中一段难忘的经历。

他满怀希望能跟着家里投身建筑行业，在他的想象中，凭借家族的经验和资源，自己定能在建筑领域大展拳脚，闯出一片天地。然而，父亲的阻拦再一次如同高墙，无情地挡在他面前。每一次试图说服父亲，得到的都是坚决的否定，他的内心充满了无奈与沮丧，仿佛置身于黑暗的迷宫，找不到出口。

就这样，他被迫另谋出路。那段过渡时期，他像一只无头苍蝇在北京城里四处晃荡，内心充满了焦虑与不安，不停地更换着各种工作，试图在茫茫人海中找到属于自己的方向。

那时的北京，西单还是人潮涌动、热闹非凡，动物园依旧是服装批发的繁华圣地，西单图书大厦的每个角落都坐满了沉浸在书海中的人。那是一个没有智能手机、没有自媒体、没有叫车软件，也没有满大街外卖的时代，但处处都洋溢着生机与机遇，许多工作机会等着人们去把握。

他在西单开过小店，起早贪黑地忙碌过。又进入大酒店工作，在那看似光鲜的环境里，他却有无比的束缚感。也曾在朋友的极力劝说下，南下尝试做销售工作。那时他也获得了颇为丰厚的收入，那时他一个月的工资相当于父亲一年的劳作所得。但内心深处始终觉得这些工作缺乏一种真正的归属感，无法让他安定下来，每一项工作都如同过眼云烟，难以长久坚持。

直到一次偶然的机会，他踏入了影视行业。那一刻，他仿佛在黑暗中看到了一丝曙光，发自内心的喜欢，让他内心涌起一股难以抑制的冲动，冥冥之中感觉自己终于找到了路，尽管依旧充满未知与挑战，但他决定，去追寻那属于自己的光影梦想。

在影视行业的多年摸爬滚打中，吕德亮逐渐找到了自己的位置，生活也渐渐步入正轨。然而，他对生活的热爱可不止于工作，还体现在对美食的执着追求上。就像他在演艺道路上不断琢磨一样，在饮食方面，他也充满了创新和热情，尤其是对老北京传统美食打卤面，更是有着独特的见解和精湛的手艺。

二

吕德亮爱吃，也好琢磨吃的。北京打卤面家喻户晓，但有一次，我和可勒一起在他的家里吃了一次很特别的打卤面。同样是旗人的可勒，在我面前夸了好几次，说那是他吃过的最牛的打卤面。

传统的北京打卤面一直深受北京人的喜爱，老北京很早以前就有这样一个习俗，凡是家里有重大的聚餐，如婚嫁、过生日或家里老人做寿，都要请客人吃上一顿打卤面。打卤面的卤，不仅材料丰富，味道还特别鲜美。

对许多外地人来说，一提北京的美食，首先会想到北京烤鸭，其次是老北京炸酱面。这些美食，早已成为北京标志性的文化符号。

但是在老北京人心中，炸酱面只是平时家常餐桌上的食物。而打卤面则是老北京人每逢人生大事才吃的面。老北京打卤面打卤非常讲究，要食材丰富、荤素搭配、面条筋道，做一次打卤面要先煮汤，再煮肉，口蘑、黄花菜、木耳、鸡蛋，一样也不能少。还要边吃面边喝卤。

老北京打卤面比老北京炸酱面更有历史和来头。相传，老北京打卤面是宫廷传出来的。宫廷做打卤面吊汤非常讲究。宫廷打卤面用飞龙做汤，飞龙是一种榛鸡，孵出来就在树上是一种小鸟，属于飞禽，皇上家用飞龙吊汤。后来没有飞龙了，就改用斑鸠吊汤，后来没有了皇上，宫廷御厨把打卤面带到了民间。在阜成门外开了家专门用斑鸠打卤的打卤面，现在没有斑鸠了，就改鸽子做打卤面。老百姓做打卤面就用白水煮肉，五花肉去掉猪肉汤上面的肥油，用底下的汤来做打卤。吃打卤面讲究锅挑，不能过水，面碗里面不能是一碗面，只能是三分之一碗的面，三分之二的卤，讲究是边吃面，边喝卤，所以这碗卤子不能太咸了。

早几年，爱研究吃的吕导一直按照老方子做卤。后来，他那股子钻研劲儿一上来，打卤面可就被他折腾出了花儿。我还记得那天，我和可勒一进门就奔着厨房去了，看见厨房里所有的台面都摆满了正在泡发的食材。那些都不是常见的、普通的材料，好多我都不太认识，或者说，很多人不愿意费那么大劲去做一碗卤。

吕导立在厨房，像做电影立项报告一样，严肃且自豪地跟我们一一介绍。

您瞧他往里加的东西，桃胶这稀罕玩意儿就不说了，单说这木耳，既有东北那厚实的大木耳，又有南方形似老鼠耳朵、泡开精巧别致的木耳，还有跟猫耳一般大小的木耳，这三种木耳凑一块儿，那口感层次立马丰富起来。

再配上他从湖北黄梅收来的笋尖儿，那可是鲜笋的笋芯儿，就那么一小包，还是80多岁的老太太一丝一丝扯出来再洗净，满满装了两大缸。什么鲍鱼、海参、虾仁，统统按传统打卤法招呼进去，连藏红花都没落下。

可勒一直叫好：“好家伙，这一碗面，儿十样东西，讲究！”

老北京传统的打卤面，讲究的是黄花木耳、五花肉的肥肉片，用大料水打底，全是鸡蛋清，最后浇上辣花椒油，吃的就是那股子老味道。可经吕导改良后的打卤面，一亮相，直接把众人惊得下巴都快掉了。可勒更是直言，全北京城这是独一份。就因为这食材，实在是太金贵，真正的透着一股豪横劲儿和不怕费事儿的讲究劲儿。

制作时，五花肉切片煸炒至焦黄，加香料水煮开后转小火，放入桃胶、各类木耳、笋尖儿、鲍鱼、海参、虾仁等食材搅匀，小火慢炖 30 分钟，其间注意控火使味道交融，最后依口味加盐、鸡精调味，出锅前撒藏红花增色提味。

这一碗打卤面，食材丰富多样，口感层次分明，每一口都饱含着一个老北京人对美食的执着与热爱。

吕导还琢磨过，以后干脆开个面馆吧，名字都想好啦，就叫“百碗居”。他都定下规矩了，一天就做 100 碗，多一碗都不卖，透着股子傲娇劲儿。他畅想着，那碗都是专门定制的，个头儿大得很，往桌上一放，气派！您要是来吃，觉得这面好，150 一碗。虽说天天吃这价儿的面，一般人还真有点儿舍不得，但一年来上两回，那也算是给自己找点乐子。

这碗啊，您要是喜欢，100 块钱一个，您能买走留个念想，也能存他这儿，以后就用您专用的碗。平时店面就摆 100 个碗，卖完就没喽。要是您想定制个独一无二的碗，得嘞，提前三个月交钱，凑够一炉就给您烧一个，多有仪式感。

这打卤面，吃法也多样，凉面热卤都有。老北京人，有的爱吃锅贴儿，有的爱吃过水面。他自己就钟情过水面，而老年人大多偏爱锅贴儿。刚出锅的锅贴儿，热气腾腾地往碗里一搁，卤汁往上一浇，这卤汁的稀稠可有讲究，太稀了不挂浆，面条上没味儿，太黏了又糊嘴，得勾芡勾得恰到好处，那才叫地道。

一大碗面，得配上一勺半的肉，他那大勺一抖，卤汁均匀地撒在面上，第二勺半勺在中间一转圈，轻轻拍勺，接着一闷一拌，嘿，香味瞬间就出来了。

我也曾吃过吕导做的西红柿打卤面。他做的西红柿打卤面，更是一绝，跟别人的完全不一样。

制作时，他先精心挑选成熟度恰到好处的西红柿，将其洗净后，在顶部划十字花刀，放入沸水中烫煮片刻，待西红柿皮微微卷起，迅速捞出放入冷水中浸泡一会儿，这样就能轻松地将西红柿皮剥去。去皮后的西红柿被放在案板上，吕导手持锋利的菜刀，将其细细剁碎成均匀的浆状。他坚决不用机器打浆，只为保留那原汁原味的手作风味。

接着，热锅凉油，放入葱花爆香，待葱花煸炒出香味且微微泛黄时，将剁好的西红柿浆倒入锅中。此时，火候调至中小火，慢慢地熬制，让西红柿的汁水充分释放出来。在熬制过程中，要不时地用铲子搅拌，防止粘锅。当西红柿浆变得浓稠，色泽更加鲜艳时，加入适量的盐调味，接着甩入新鲜的鸡蛋清，在搅拌的过程中，连带着鸡蛋黄也会带出一部分，形成有白有黄的美妙色泽。然后继续熬煮2~3分钟，让鸡蛋与西红柿充分融合，直到卤汁变得浓稠适中，浇在煮好的面上，卤汁一粘，上面就会飘起一层金黄的蛋花，看似不见西红柿，却满是西红柿的酸甜味儿。

任谁吃了，都会瞪大眼睛直问："这西红柿打卤面，西红柿搁哪儿呢？"

再看他的茄子汆打卤面，他选用北京本地的圆茄子，洗净后切成最细的丝儿，这切菜的功夫可十分讲究，每一根丝都要粗细均匀。锅里倒入比平常炒菜稍多一些的料油，待油热后放入茄子丝慢慢翻炒。随着不断翻炒，茄子丝逐渐变软，颜色也由浅变深，一直炒到茄子丝变得尖细。这时，放入一大把蒜，蒜要拍碎，接着依次加入花椒、料酒、花椒水、大料水，然后倒入适量的清水，水量要没过茄子丝。盖上锅盖，用中小火咕嘟咕嘟煮，直到把蒜完全煮熟煮透，浓郁的蒜香融入卤汁中。最后，根据个人口味多放一些胡椒粉提味，搅拌均匀后，这香气扑鼻的茄子汆打卤面的卤就做好了。将卤浇在劲道的面条上，一搅拌，那香味直沁人心脾，令人食欲大增。

多年前，他曾做给战友吃，战友到现在都念叨着呢。

吕导这做饭的手艺，是从小就练出来的。上小学时，爸妈上班忙，家里还有个妹妹，那时候哪吃得起5毛钱一袋的方便面啊。他就煮挂面，烧点热水，有时候切点葱花炝个锅，"刺啦"一声，香味就出来了，浇上热水，面开锅了，再扔点菜叶子，呼噜呼噜一吃，虽说简单，可透着一股家的味道。就这么着，他对做饭的热爱，从一碗简单的挂面开始，一路琢磨，做出了这一道道让人叫绝的美味。

真是羡煞我了，吕导小学就会的煮面方法，我大学毕业好些年后都不会。惭愧惭愧。

吕导爱吃喝，好玩乐，人生快意。平时基本酒不离席，唯独一开机，滴酒不沾。然而，吕导的生活乐趣远不止于厨房与餐桌，在他的众多爱好之中，老北京的传统玩趣占据了重要的一角。

三

之前和程府宴的刘建聊过，他问："提到北京的声音你能想到什么？"我说："鸽哨声、交通的嘈杂声、鸟叫虫鸣声……"有几次冬天的时候去吕导家，我都被客厅的蝈蝈声吸引。外面寒冬腊月，万虫俱寂之时，蝈蝈的叫声能给人带来别样的生机与情趣。这才发现，吕导也爱玩虫儿也好养鸟。

老北京人爱玩的虫儿种类繁多，其中包括蝈蝈、蛐蛐、油葫芦。这些虫儿在老北京人的生活中扮演着重要的角色，它们不仅是娱乐的对象，也是文化的象征。这些虫儿里，吕导偏爱蝈蝈，每年都买。蝈蝈在冬天被养在家里，听其鸣叫，对他来说这是一种享受，更是他对生活的热爱和情趣。

据说，自明清时期起，北京就流行饲养蝈蝈，当时的宫廷和市民阶层都喜爱这一活动。清朝宫廷中甚至设有专门孵化蝈蝈的暖室，以供皇家娱乐，由此可见当时养蝈蝈之风的盛行。

老北京人养蝈蝈主要是为了听其叫声，以增添生活的乐趣，尤其是在冬季。此外，养蝈蝈在当时也被视为一种祈求长寿的方式。

在过去，人们在闲暇时光，怀揣着蝈蝈葫芦，聚在一起，听着蝈蝈的叫声，唠唠家常，赏赏雪景，享受着那份悠闲与惬意，形成了独特的老北京风情。随着时代的变迁，老北京人爱玩虫儿的文化逐渐式微。但仍有不少人像吕导一样，热衷于养蝈蝈，而在一些老北京的胡同里，仍然可以听到小竹铃儿的鸣声，这一传统习俗依然被延续着。

要说这老北京人，那玩的东西可真是门道多了去了。就说他养的那百日虫，最厉害的时候养了 120 天，最后啊，虫子是寿终正寝，老得掉爪、掉牙，就这么去了，那也是活到了头。

再看北京人养鸟，那种类可不少。红靛颏儿、蓝靛颏儿，还有话梅、百灵，稍微普通点儿的像粉眼儿（银喉长尾山雀）、绣眼儿（绣眼鸟）、黄巧儿（黄雀）、黑子（煤山雀），这些鸟儿叫声各有各的妙处。天儿一冷，早上 5 点多，鸟儿就团成个球，准时开叫。伺候这些鸟儿可得上心，水不能缺，一个星期起码得给它们洗三次澡，它们自己会洗，您就给准备好水就行。每个星期还得喂肉，就那面包虫，再配上不同的饲料，搭配着来。

这养虫儿也讲究，网上有蝈蝈梳头洗澡的视频，这虫儿也好干净呢。一个礼拜怎么也得喂一回牛肉，吃了牛肉，那蝈蝈长得倍儿棒。除了牛肉，水果、胡萝卜也得喂着，这吃的东西可不能含糊。

要说这吕导们啥时候开始玩这些玩意儿的，还得从小时候说起。他父母倒是没玩过这些，可小时候街上哪儿还没有几个爱遛鸟的老头啊。他就跟着这些北京大爷们学。

就说这养鸟养虫的家伙事儿，那也是各有各的门道。像天津和涿州的名家笼子，“前门张”的盖板儿，“老郭记”钩，再配上精美的细瓷儿老罐子，都不一样。

还有那玩斗蛐蛐儿、斗蝈蝈的探子，可不是一般的东西。有用驴的眼睫毛做的，就三根，制作非常精细，而最标准的是“大猫”须子做的探子，这里的“大猫”不是老虎，而是野兔子的须子。斗蛐蛐儿或者油葫芦的时候，就用这玩意儿，不仔细看都瞧不着。

北京人玩的东西，现在是养杂了，外地人来了一看，就觉得是养个宠物。想当年，北京人最早养狗养猫的多。养狗的话，一般都养德牧，为什么呢？好养活啊。后来又有大单、白熊这些品种，慢慢地就养杂了。北京还有京巴儿，一般都是老太太、老头儿养。年轻人更爱养大狗，像德牧、狼青、狼狗。还有北京本地的柴狗，现在可不好找了，那柴狗可凶了，认主人，不管来多大个玩意儿，它真敢往上冲，现在的狗啊，都没那股子劲儿了。

吕导家有个稀罕玩意儿，用穿山甲鳞片做的痒痒挠。用它做痒痒挠也有讲究，要是用竹子的，挠破了火疙瘩容易留疤，这穿山甲鳞片挠破了它不留疤。北京人玩的这些东西，都透着一股老北京的味儿，全是故事，全是门道。

四

别看吕导如今玩儿得花样百出，实则他的人生并非仅止于此。要知道，他也曾在生活的泥沼中摸爬滚打过。尤其是在影视行业这片天地，他恰似一位执着的探索者，一路磕磕绊绊地前行，其间也遭遇了诸多难题与挫折。每一段经历都成为他成长的基石，拼凑出独属于他的，一段饱含酸甜苦辣的奋斗轨迹。

当年当不了警察，做不了建筑，换了好多工作，误打误撞，以群演的路径走到了影视圈里，从电视剧演员到电影导演，他几乎做过剧组里的每一个行当，这一做就是25年，他是越干越爱干，从没换过其他行当。

吕导初中时，老师曾经问他未来的志向，年少的他满脸自信，毫不犹豫地说道："当兵、当警察、当演员、当和尚。"人生就是戏，谁能想到，这些少年时一拍脑门就脱口而出的豪言壮语，都在充满戏剧性的现实中一一应验。只不过，吕导的"和尚"经历，是在一部部戏里得以呈现。

不是科班出身，没有任何背景，入这行只能做群演，从跑龙套开始。他在演艺圈里一步一个脚印，是从底层一点点摸爬滚打过来的。能不能在这圈里混，一是靠悟性，二就是能吃苦。

2001年那部大热的《铁齿铜牙纪晓岚》，第一部播出就火得一塌糊涂，从2001年到2009年又连着拍了三部，热度一直居高不下，对国产剧影响深远，连带整个影视圈都热闹起来。

2001年，我刚来北京的第一份工作是在北影厂里，还记得多年前，每天进入北影厂的大门时，经常能看到许多群演在门口等待机会。有几次我走进北影厂的大院，看见一群穿着清朝大臣服的演员排队往里进。经过一个胡同时，我看到了《铁齿铜牙纪晓岚》剧组的牌子，又看见不远处的角落里，一身妆容的“和珅”，那天他好像有点不舒服，有助理在给他拍背，而“和珅”一直在咳嗽。而我坐在办公室里，还见到很多次有年轻人敲门，问：“需不需要演员，我电影学院刚毕业。”我那时才知道，演员看似光鲜，实则，想要万众瞩目得有多难。

而北京这座城里，最不缺的就是一路打拼的人，年轻时谁不是奋力一搏？或许那时，我也曾跟做群演的吕导在北影厂里擦肩而过。

有段时间电影厂到处都是清装戏，像《天下粮仓》《康熙大帝》这些剧都在拍。那时吕德亮也在圈子里混出了一点自己的心得。那时候群演要是能说台词，一场戏能挣300块。有一次他在剧组拍戏，就上趟厕所的功夫，副导演就问：“嘿，哥们儿，能说词儿吗？”“能啊！”“多少钱？”“500、300都行。”“行，快快快，跟我走，别换衣服，这身儿就行。”就这么着，一天下来他能串六七个组，一个组300，一天下来能挣两三千。第二天再换身贝勒服，跟服装师傅搞好关系，穿着这身衣服到北影厂院里晃悠，一天挣个千八百的也不难，那时候可有意思了。

之后，又赶上大陆和港台三地合作的高峰期。从2002年起，好多港台演员、制作团队都来跟大陆公司合作，一起打造高质量的影视作品。这种合作不仅提升了作品水平，还让海峡两岸暨香港的影视人才都有了更多机会。一时间，剧组里到处都是普通话、粤语和台湾腔，那场面，热闹得很，那是个被称为大联盟的时期。

不管哪个行业，对于初来乍到的新人都是一个全新的开始，有无数的考验摆在面前，无论什么职业，在恰当的时机中能遇到一个领路人都是幸运的。1999 年，吕德亮人生参演的第一部戏《重案六组 Ⅰ》，他遇到了自己的领路人——《重案六组 Ⅰ》的副导演刘国彤。吕德亮从群演做起，戏没拍完就直接做了副导演助理，渐渐地从入行到打开局面，在影视这条艰难的路上他又遇到了另外两个人。

还是新人时，吕德亮越演越有感觉，可有一次拍古装剧，跟李立群演对手戏，可把他给憋住了。当时他们第二天早上开拍，头天晚上剧本都没给，凌晨 3 点了剧本还没影儿呢。早上 9 点开拍，8 点才给剧本。一看，台湾人写的剧本，一小时一页纸。他又没什么表演经验，那么短的时间，根本背不下来全部的台词。那场戏的剧情是，李立群扮演的太医，半年救了一个镇子的人，吕德亮扮演镇长。那剧本里全是各种专业名词，谁家什么毛病，吃的什么药。他说两句就忘，连着忘两遍，心里就慌了。

李立群看出来了，就说：“孩子，别慌别慌。”结果说错词浪费了时间，香港导演开口就骂：“哪儿找的演员，两句台词都说不明白，还要 1000 块，给 200 块让他滚！”这话他全听见了，可也没法跟人发脾气。中午休息的时候，李立群在台阶上躺着，跟他轻声地说："孩子，没事，这事儿正常，做演员都这样。"老演员这种松弛的劲儿，和对他的包容与鼓励，20 多年后他依然记得。

他回去后，整整 8 个月没出门。他在家里守着 3 台 VCD、4 台 DVD 机，连轴播放影片，每天坚持拉片、学习表演、练习背台词。关掉声音看画面，学习细微的表演，关掉画面听声音，练习听出不同景别的效果，也是那时的练习对日后他做真正的导演有了巨大的帮助。除了看片子，还拿来报纸整版背，逼着自己练习背诵台词，6 个月的苦练让他再次出现在镜头前可以放松自如地表现，让自己重拾了自信。

吕德亮在导演方面的恩师是第六代导演金琛。他跟师父形影不离地待了 7 年。2006 年警匪连续剧《走出监狱的女人》，2011 年大型古装历史电影《战国》吕德亮都与金琛导演合作，作为执行导演参与其中。在不断的合作与学习中，吕导的技艺也在不断成熟。他发现金导在现场各个环节都明明白白，对他的影响非常大，所以自己也学他。人生没有白走的路，除了表演，灯光、摄影、武打、烟火，各个环节吕德亮都学都干，学得越多，掌控的局面也就越大。

在这期间，突然一天，他在演戏方面就开窍了，演什么来什么之后，每年两部电视剧，一部电影，从群众演员到男一号、女一号的台词他都背，因为，拍戏的时候他要给人搭词儿，语气、语速什么都得明白。这一步步，从职场菜鸟到挑起大梁，再到能独立拍戏，他走的每一步都很扎实，挨了很多骂，吃了不少苦。

吕导英年早婚，当时已经有了孩子，家里家外都指望着他。

最忙的时候，这部戏还没杀青，新戏就要开机。有一回，一个戏还有两天杀青，新剧组就打电话让他结束立马过去。他跟媳妇只能在火车站匆匆见了一面，就跟着剧组全国各地跑着瞰景，连轴转，根本闲不住。

最夸张的时候，进组了剧本还不知道呢，剧本一场一场地给，拿到就得拍，都不知道整个剧情怎么回事。刚一个组杀青，新组人物还没记清，这边就开机，总导演或者制片人就说："德亮，今天就这几场戏，拍了！"他说："我都还没整明白呢。"人家说："你拍就行，没问题。"一部戏接着一部戏，边看剧本边拍，这是他最为忙碌的阶段。也是内地影视行业繁荣的时候。

从2007年以后，他主要的工作就是做导演，偶尔在自己拍的戏里演个角色过过瘾，或者被朋友拽过去客串个角色。我认识吕导就是因为无聊时看了一部玄幻古装剧《扶摇》，他在里面出演"雷动"——一个有着绝世武功、顽童一样的世外高人，那也是他被朋友拉过去演的人物。戏份不多，但非常生动，我当时就记住了那个角色。没想到，两个月后，"雷动"就坐在了我的对面。5年前，深秋的某个周末，吕导从城北的后期工作室匆匆赶到城西，那是我们第一次见面。第一眼看见他感觉非常严肃，坐下来攀谈后，很快地他就眉飞色舞、妙语连珠起来，一个有趣的灵魂渐渐生动地浮现于眼前。后来我开始关注他拍的戏，的确如他所说，他做演员时演坏人居多，但他做导演时，拍的都是正能量。

从他独立做导演之后，还是一直和师父保持联系，有什么事情需要帮忙的话都肯定到。在演艺圈里，各个工种都常见师徒制，如今他自己也带了几个徒弟，他们现在也都在做导演。

做导演，所有环节都得非常清楚，谁也替代不了。有时候做导演还得兼任编剧，编剧跟导演想法有时候会有冲突，像他这种拍过不少戏的，对一场戏怎么拍心里都很有数，他的脑子里会快速出现场景图，虽然不能跟剧本100%吻合，但起码能保证完成60%以上。

按照他的计算，工作到55岁就不能再像现在这样拼命地拍戏了，因为做导演要面面俱到，从剧本开始就要不断地全心投入。如果有人找他演戏，他就去，要是没邀约，也不愁生计，毕竟在他心里，钱这玩意儿，够用就行。

五

吕导在影视行业摸爬滚打多年，从群演一步步成长为独当一面的导演，在这个充满挑战与机遇的领域里，他不仅积累了丰富的经验，也塑造了独特的职业态度。然而，无论他在影视界如何拼搏奋斗，始终无法割舍的是那份深深扎根于心底的老北京情怀。这份情怀如同一条无形的纽带，贯穿于他生活的点滴之中。

在老北京的文化脉络中，吕导恰似一个鲜明的文化符号。许多北京人与吕导如出一辙，他们对财富有着独特的度量，他们笃信儿孙自有儿孙福，不会为了子女的未来无休无止地奔波劳碌。

吕导便是如此，即便家境很好，仍凭借着自身的努力闯荡江湖。北京人勤劳且机灵，他们很善于把握机遇赚快钱。他们热情豪爽、重情重义，闲来无事爱与朋友把酒言欢，吹吹牛皮。在吕导眼中，懂得合理消费方能创造更多财富，切不可一生吝啬。

老北京的“规矩”，如同胡同里的基石，稳稳地承载着岁月。在吕导的记忆中，少年时邻里间向来夜不闭户，守望相助。若谁家来了访客，而那家人恰巧没在，邻居一定会问清楚事由，甚至帮忙招待；若是谁家的亲友前来办事，定会被热情礼遇。夜幕降临，哪家家中来客，但餐桌缺少食材时，去邻居家借菜借肉也属平常，只为不失北京人的颜面与礼数。

然而时光流转，随着城市化的浪潮汹涌，高楼大厦拔地而起，邻里间那一扇扇紧闭的门，似无形之壁，隔断了曾经的亲近。现在的人们越发珍视隐私，往昔那种邻里间毫无保留的热忱渐渐成为回忆，家与家、人与人之间筑起了心墙。

即便是吕导这般地道的老北京人，也感慨要彻底洞悉这座城市，还需再活个50年，或许唯有如出租车司机这般，每日穿梭于京城的大街小巷，方能触摸到北京的每一寸角落。北京以其包容的胸怀，接纳来自五湖四海的人，却也无奈见证了部分人在此迷失本真，不局气（不讲究）、不仗义、不厚道。

作为老北京的吕导，一直是老北京精神的传承者。他出行在外，总是考虑周全，不给他人添一丝麻烦。如有朋友来访，他必精心安排，热情招待，尽显地主之谊。

闲暇时，他沉醉于花鸟鱼虫的世界，与家人共享天伦之乐，与友人畅抒胸臆；工作时，则全身心投入影视创作的光影天地之中。于他而言，“钱不求多，够花即好；房无须大，宜居便行。”这份知足常乐彰显着老北京人的豁达与从容，在岁月长河中稳守自己的生活韵律。

瞧，吕导的人生经历恰似老北京胡同里那一串串糖葫芦，酸甜交织，韵味悠长。他于工作、饮食、玩乐间，处处洋溢着对老北京生活的挚爱与坚守，还有讲究。

那一碗打卤面，是文化的味蕾记忆；那养虫逗鸟的闲情，是传统生活的诗意注脚；而影视江湖的闯荡，则是他的奋斗拼图。

或许，在未来某一天，京城街头会悄然出现“百碗居”的招牌。我仿佛看到，食客们围坐在古朴厚实的木桌前，笑语晏晏。头顶的老式吊灯洒下昏黄而柔和的光，将人们的脸庞映照得格外生动。四周隐隐传来蝈蝈清脆的鸣叫声，那声音仿佛带着魔力，一下就把人拉回了老北京的胡同深处，为这饭馆增添了几分独特的意趣和生机。看那一碗碗热气腾腾的打卤面端上桌来，卤汁色泽诱人，食材丰富多样，让人忍不住一口接一口。而在品尝美味的间隙，吕导那爽朗的声音在店内响起，他绘声绘色地讲述着那些老北京的往昔故事，从胡同里的嬉戏打闹，到家族的传承变迁，食客们都听得入了神，时不时发出阵阵惊叹与欢笑。

那承载着吕导心血与老北京文化的打卤面香气四溢。老北京的味道，在这一碗面中得以延续。待食客们心满意足地离去，吕导则会再次投身于他所热爱的影视创作之中，继续用光影讲述着不同的故事。他有他的事业，也有他的热爱与乐趣。愿你我也可以如吕导般，让自己的生活充满热忱与活力，找到自己的热爱与兴趣，用心经营，书写属于自己的精彩故事，成为自己人生舞台上手执导筒的人。

来自吕导的留言：

我就是个普通百姓，是影视行业里的一个普通工作者，本分做人，不求多红，但求尽力，做事认真就好，对行业有所贡献就好，知足常乐，随遇而安，但绝对不能失去斗志。

执着的食界守艺人

本期主角

刘建

程府宴、汝肴创始人

国厨程汝明外孙及传人

一

在北京二环的四合院里，隐匿着许多鲜为人知的私房菜馆，就像隐藏在时光里的宝藏，低调而神秘。它们大门紧闭，看似与寻常院落无异，悄然融入周边的景致，常被行色匆匆的路人忽视。很多人路过时只是匆匆一瞥，不会对门后的世界心生好奇；即便有人慕名而来，也常常与之擦肩而过。

然而，一旦你推开其中一扇厚重的大门，就如同开启了通往别样世界的通道，里面的景致定会令你惊叹。在这些别具一格的私房菜馆中，程府宴格外独特。它恰似一位君子，于喧嚣都市中散发着内敛深邃的气质，坚守着独特的格调与品质，不随波逐流，以低调沉稳之态，静候懂它的食客前来探寻。

我很好奇，究竟是怎样的人，能在这方天地打造出如此独特的餐饮品牌？他又有着怎样的经历？

2005 年，刘建与外公程汝明先生共同创建程府宴，2012 年，外公因病去世，刘建依然延续外公几十年的“红墙”国宴菜单的精髓，在此基础上，不断创新调整，这个品牌走过将近二十个年头，如同看着一个孩子长大，其中的酸甜苦辣只有他自己最清楚。2024 年，是刘建主理程府宴的第十九年。

此时，在北京石景山万达的一家咖啡馆，刘建坐在我的对面，他点了两杯澳白，还体贴地为我点了一份蛋糕。可端上来的咖啡却是用纸杯装的，我们都笑了。不想麻烦服务员，我们就对着两个纸杯聊了起来。

我问他，作为资深的厨师和私房餐厅的主理人，是否会对外出就餐格外挑剔，就像眼前的这杯咖啡一样。他说，完全没有。这使我意识到和他的相处或许会是比较轻松的事。

刘建如今已年近五十，站在知天命的路口，时常感叹时光的飞逝。他说仿佛只是一转眼的工夫，大半辈子就过去了，回首往昔，心中总是涌起诸多感慨，那些曾经的经历如同电影片段般在脑海中一幕一幕地回放着。

刘建的职业生涯主要投身于两个截然不同却都精彩纷呈的领域，餐饮与房地产。由于他的外公是曾经给溥仪、蒋介石和尼克松烹饪过美食且跟随领袖家庭 22 年的国宝级大厨。他又是家中第三代的长子，从小就很孝顺。所以，年少时当父母希望他尊重家里的意愿去学厨师的时候，尽管心里很不情愿，但是并没有反抗。第二天回到学校，当听到每个同学说要报考的大学时，他很羡慕。当轮到他时，他不好意思地说他要做厨师，瞬间，大家都安静了，气氛有些尴尬，他顿时觉得脸都烧得慌。

但他没想到的是，身为国厨的外公并不同意。

多年后，刘建曾为《国厨程汝明》一书中写序："因为选择了烹饪这个职业，我与外公的距离被拉得更近了。记得刚刚考虑进入这个行业的时候，第一个强烈反对的人就是外公。为什么？！十年后我得以答案，那是前人的艰苦不想后人重蹈的警示，但命运还是安排了我作为延续的承载体，我也由幼稚变得成熟，由职业变为事业！"

几十年过去了，如今回想，刘建还是打心底里感激父母。至少到今天，他对这个行业是喜欢的。而这喜欢的源头，与父母的引导和支持分不开。

刘建曾就读于北京劲松职高，那是一所别具一格的学校，他对母校很感恩，在那里他有着不一样的经历。那时，学习氛围轻松愉悦，只要他们学得畅快，老师便会带他们去看录像；只要他们兴致高昂，老师就会滔滔不绝地讲述一整天全世界的人文、地理、美食，校园宽松又开放。

他当时师从侯德成，侯德成是一位在西餐教育和烹饪领域有着丰富经验和深厚造诣的人物。他被称为"西餐教父"，在中国的西餐发展历程中占有重要地位。坚守在讲台三十余载，培育出近三百位厨师长，这些弟子如今遍布世界各地。中国第一艘航母的系统菜单便出自他手，刘建以师从这样一位大师而倍感荣耀。

刘建度过了一段充满探索与乐趣的校园时光。结束了校园生活，他满怀憧憬地踏入了餐饮行业，开启了他的厨师生涯。毕业后，刘建曾就职于建国门的长富宫饭店，成为一名厨师。然而，厨房位于地下室，没有窗户，阳光成了奢望。那时，他最大的希望就是能找个有阳光的地方工作。

二

2000年前后，国内最为阳光的行业是房地产，正值蓬勃发展之际，然而很多人对其知之甚少，那也是这个行业的黄金时代。那时，刘建的月工资仅是1400多元，而从事地产的同事月薪已经超过1万，这对刘建而言，仿若天方夜谭。

刘建为了寻找一份有阳光且在地上的工作，毅然踏入房地产行业。面试时，面对老板的连环追问，他凭借着机智巧妙应对，虽然捏了一把汗，但还是成功进入崇文门新世界。

初到一个全新的行业，厨房高手的刘建面对销售业务，如雏鸟离巢般茫然失措，枯坐一周无人问津。夜晚，父亲的电话传来长辈的担忧与劝阻，可他早已如离弦之箭，决心在新领域闯闯看看。

那阵子，刘建真的是拼了。虽起步艰难，但他谦虚，肯干，不服输。努力学、拼命干，别人不愿碰的活儿他都揽过来。没想到，第一个月他就成功完成销售业绩，在这陌生的地产江湖站稳脚跟。这段经历，就像一场淬火，重塑了他的思维，让他懂得在困境中突围、在未知里探索，也为他日后的餐饮事业积攒下宝贵的市场探索与应变智慧，成为他人生路上一块别样的基石。

数年后，当一切条件越发成熟，他凭借在地产运营中积累的商业思维，融合拿手的厨师技艺，创立了属于自己的事业。无论是程府宴还是汝肴，诸多方面都留存着当年经历的痕迹。

刘建对美食的情感源于外公的影响，在外公的熏陶下，刘建对饮食文化的热爱与日俱增。外公丰富的经历与精湛的厨艺，无疑为刘建的前路点亮了一盏明灯。他做了厨师后，尤其是国宴的神秘与讲究，让他十分向往。

在外公八十大寿时，有曾经的老领导上门祝寿，对外公敬重有加，直夸外公是活宝贝，叮嘱家里可得好好留住那些珍贵的过往。

那晚，寿宴的热闹渐渐散去，宾客们陆续离开。刘建送外公回家，到家后，外公神秘兮兮地把他叫住，转身走进屋里，不一会儿，外公吃力地抱出个大纸箱，每一步都走得小心翼翼。刘建赶紧稳稳接过纸箱，好奇地打开箱子，刹那间，满满当当的菜单映入眼帘。那些纸张，有的已然泛黄，带着岁月的痕迹；有的却崭新如初，展露着新的希望。看着这些菜单，刘建的眼前仿佛浮现出外公在厨房忙碌的身影，从青涩学徒一步步成长为一代国厨，好像外公的一生就这样在他眼前徐徐展开。那一刻，刘建知道，这是外公无声的传承，也是他们爷孙俩灵魂的交接。

2005 年，刘建注册程府宴，于京城中开启了一方诠释国宴菜的私家院落。外公对国宴有着难以磨灭的记忆，那红墙环绕的威严与白玉兰绽放的清幽，深深烙印心间。刘建在距红墙咫尺之遥的小院里，亲手移栽了一棵白玉兰，似是要将那往昔的国宴韵味在这一方小天地里悄然延续。2012 年，程汝明先生溘然长逝，刘建谨遵老人的谆谆教诲，一人打理这个享誉京城的私房菜馆，继续传承国宴菜系。

于外界而言，国宴菜仿若一团迷雾，引人遐思。其精华所在绝非外表样式的奢华繁复，亦不是那些千金难求的珍稀食材。有时，一道看似平平无奇的菜品，实则深藏着精湛的厨艺与无尽的匠心。就如那道质朴典雅的汤品，需在方寸之间的豆腐上精雕细琢数百刀，待其入汤，恰似一朵银菊悠然绽放，令人叹服。这一道道造型精巧、制作精良的特色菜肴，不仅予人一场视觉与味蕾的盛宴，更是一种难以言喻的独特体验。

时至今日，程府宴开餐前的流程，依旧沿袭着红墙内国宴的庄重仪式。精致的杯盏交错，别具一格的仪式感，宛如一场盛大饕餮盛宴的华丽序章。每一位踏入这座小院的宾客，内心对即将开启的宴会所怀的期待，或许早已超越了单纯对美味佳肴的渴望。

近几年，来程府宴的客人中出现了很多前来打卡的年轻人，程府宴也在近二十年的成长中，由一家店发展成六家店。从北京开到了重庆，从中国开到了新西兰，2025 年，程府宴的新店将会落户鄂尔多斯。

餐厅越开越多，一路走来，刘建是个很感恩的人，在创业之路上遇到的很多人，他都积极地去吸取对方的亮点，慢慢去丰盈自己的人生。这当中，更加庆幸的是他遇到的几位影响他一生的老师。

而其中最重要的第一位便是他的外公。于他而言，外公并非传统意义上单纯传授厨艺的老师，外公所教给他的，远比做菜要多得多。

外公走的那天，刘建守在床边，看着外公那么虚弱，心都要碎了。可老人还是那副淡然的模样，还和他打趣，说自己没事，别担心。最后，刘建帮外公剪了指甲，让老人干干净净地离开。那一刻，刘建模糊了双眼，仿佛又看到外公生前独坐窗前，认真剪指甲的模样。指甲时刻保持干净，那是做厨师养成的习惯。

那一刻看到外公面对生死，就像面对一顿平常饭菜，那么从容。外公的这份豁达，像一把神奇的钥匙，打开了他心里那扇一直紧锁的门，让他对人生的尽头之日不再惧怕。

刘建翻出手机给我看了一段老人生前的视频。镜头里的老人始终微笑着，非常慈祥，配合着孙女的逗弄，笑得像个天真的孩子，丝毫看不出人生已经走到了尽头。

三

刘建在北京出生长大，很自然地，我们聊起了北京菜。在他看来，很难说北京菜有谁能完全代表。就拿闻名遐迩的北京烤鸭来说，很多人觉得这就是北京美食的象征，可实际上它最初是从南方传过来的。不过，新中国成立之后，在周总理的大力推崇下，它渐渐成为北京响当当的美食名片，并频繁出现在国宴餐桌上，在海外也声名远扬，让世界各地的人知晓这道美味。如今，国内也有不少做烤鸭的知名餐饮企业，它们都承载着北京烤鸭的独特魅力。

北京菜并不是一成不变的，它就像北京这座城一样，会随着时代变迁而不断演变。在刘建五十年的人生记忆里，那些小时候品尝过的家常味道，那些印刻心底的吃食记忆，便是他所理解的北京菜。说不定再过一百年，北京菜又会以全新的面貌出现在世人面前，时光总会赋予它新的韵味。

小时候，每到冬天，家家都会储备大白菜，堆成小山似的。也会把自制的西红柿酱，灌入消过毒的玻璃瓶子里，吃一个冬天，那些酸甜滋味，是刘建这么多年一直忘不了的味道。每当过年时，小时候的玩伴凑到一起一块聊天，大家聊着年桌上都吃了什么，发现大部分都是一样的，每家都没有什么别的花样。可就是这样简单的饭菜拼凑到一块儿，还有个说法叫“折箩”。

老北京的“折箩”有一番讲究。比如院里头有人结婚，摆了5桌酒席，炒的肉丝蒜苗、鸡蛋西红柿等没吃完剩下的不能浪费，全扣在一个大盆里头，第二天搁点儿米饭进去一炖，吃起来很香。这里面还有个独特的地方，就是酒席上推杯换盏，酒洒在菜里，经过挥发、发酵，会增添一种别样的香气。刘建打趣说，就算现在出去吃那种2000块钱一位的高档饭，到最后还惦记着这折箩，觉得那才是实实在在的北京味儿。

在全民还不富裕的时候，折箩是老北京人勤俭持家的传统美德。在老北京的传统饮食记忆中，它的确曾是一种很有特色的存在。那些儿时舌尖上的记忆，不仅是食材与香料的交融，更是长辈智慧与情感的传递，也是晚辈追溯过去的根源。

如今，不少人感慨现在的饭菜没以前香了，这背后是有原因的。一方面，现在生活富裕了，想吃什么都能轻易吃到；另一方面，食材本身也有变化，而且更重要的是，如今人们在快节奏的社会中，内心充满焦虑，难以静下心来，缺少了往昔那种融入饭菜中的情感。

北京菜丰富的内涵与多样的变化，为刘建的菜品创新注入了源源不断的灵感。在经营程府宴的过程中，他凭借许多别具一格的菜品搭配，诠释着对美食文化传承与创新的深刻理解。尤其是在食材融合方面，他勇于创新，大胆尝试将中式与西式食材巧妙搭配。

在程府宴的菜单上，面包配黄油这道看似普通的组合，实则饱含着深厚的传承意味。不少顾客初次看到时都满心疑惑：这里又不是西餐厅，怎么会有这样的搭配？其实，这背后有一段渊源。刘建的外公曾参与国宴菜的制作，当时的国宴菜单里就有面包配黄油。此外，故宫的老研究员苑老师提到过，宫廷里有着四干果、四鲜果、四酱菜、四饽饽这种十分讲究的菜品搭配传统，如今的国宴菜也保留了类似的搭配理念。程府宴的面包配黄油，正是在这样的传承脉络中诞生，既传承经典，又别具特色。

刘建在新西兰经营程府宴时，推出了一道创意十足的中式烤馒头片。他把传统老面馒头切成均匀薄片，烤得金黄酥脆，搭配新西兰当地的安佳黄油，再加上英国芥末的冲劲、马努卡蜂蜜的清甜，还有老北京酱豆腐的独特风味，瞬间创造出一种全新的味觉体验。当地食客尝了一口，立刻就被这奇妙的味道征服了。他们原本只习惯单调的餐前面包，这下可被这中式创意深深吸引住了。刘建看到食客们这么喜欢，心里十分高兴。回国后，他就把这一创意加到了国内程府宴的菜单里。每次上新菜，就像是给食客们讲一场舌尖上的奇妙冒险。

刘建不仅在中西融合方面大胆创新，对传统老北京食物也有独特的创新之举。老北京的豆汁焦圈和咸菜汁，很多人以前都不太敢尝试。但刘建运用分子料理，把它们做成了精致的凉菜冻。这让不少原本对豆汁儿避之不及的人都愿意去试试看。很多人尝过之后发现，豆汁儿并没有想象中那么难喝，有些人甚至还特意跑到牛街去买豆汁儿，想要再找找那种独特的味道。

刘建还将六必居的麻仁金丝，意大利的扎克伯手工黄油巧妙结合。他精心提炼芝麻，打造出形似天坛小亭子和大殿的独特造型，再配上自家特制的面包，看着令人眼前一亮，吃起来更是让人意想不到。

四

每个走进程府宴的人，都会对它的餐具念念不忘。餐具是程府宴的艺术灵魂，每套专属主题餐具都承载着独特的记忆，宛如开启美食世界的神秘钥匙。对于食客而言，它是视觉盛宴，能在与佳肴的邂逅中升华用餐体验，成就程府宴在餐饮领域的高雅品质与独特格调。

多年来，刘建有个惯例，每当筹备新店时，他总会亲自去唐山拜会“亚洲时代”的老友，迄今为止，程府宴开了六家店，六套主题餐具都出自亚洲时代。每套餐具的设计往往要花费近一年的时间。而刘建希望能够在有生之年再多开几家店。

2025年，程府即将开第七家店。刘建在思索新餐具主题时，突然想起外公对金鱼的喜爱。在向故宫老专家苑老师请教之后，得知金鱼元素在宫廷文化中也曾被运用，又恰逢2026年将是程汝明先生诞辰100周年，于是，他决定以金鱼为主题创作新系列餐具。

这一系列别具匠心，首次区分了男士款和女士款。两款在颜色和具体主题上有所不同，但设计核心一致。

刘建儿时在外公家常见夜光杯，他将这份记忆融入餐具设计。他把鱼的鳞片部分做成金色，当往餐具中注入水，便会波光粼粼，鱼仿佛游动起来。他希望借由这一巧思，既可怀念外公，又能传承前人的智慧。

刘建毕生心愿是设计十套餐具，对应他职业生涯中即将开设的十家餐厅。这些承载故事的餐盘将陈列在巨型展柜中，如同展开他的人生图卷。每家餐厅都将竖起巨型展板，讲述餐厅命名缘由与背后的故事，搭配不同时期的主题餐具，为食客营造超越味觉的沉浸式体验。

他的设计从无固定模式。正如新西兰餐厅的灰釉餐盘——最初饱受质疑的设计，实则诞生于十二小时的越洋航班。原计划使用《千里江山图》，却迟迟没有灵感，直到舷窗外翻涌的云海撞见熔金落日，沉睡的灵感突然苏醒。那一刻，刘建恍若化身凌空俯瞰的古人，于是，最终以白釉勾出云海层峦，山脊处洒落金粉，让餐盘在暮色中流转光华。2018年，奥克兰餐厅揭幕时，这套凝结天地灵气的餐具，令所有宾客屏息凝神。

2020 年，刘建回国后，发现市场上出现了这套餐具的仿制品，这本该是件令人气愤的事，但换个角度想，这恰恰证明了这套餐具的受欢迎程度，他的内心也涌起一丝欣慰。

回想起打造这套让自己满意的餐具的过程，其中的艰辛与执着只有他自己最清楚。

为了做出这套满意的餐具，他曾先后 13 次奔赴唐山瓷器厂。在那十个月的时间里，每一次往返，每一次与工匠们的探讨交流，都倾注了他全部的心血。

终于，在无数次地尝试与改进后，这套餐具成功问世。那一刻，他心怀满满的感激，他觉得这是所有的工匠的共同努力，才赋予了这套餐具灵魂。于是，他提议大家一起合影留念，随着相机快门的“咔嚓”声响起，那难忘的瞬间被永远定格。

我有幸目睹了那张极具纪念意义的合影。照片里，温暖的光线洒在一群人身上，他们面带微笑，整齐地站在展台之后。展台上，摆放着一套套餐具，那是刘建为程府宴精心定制的作品，每一件都散发着独特的光泽。

这张照片，就像一台时光机，将那段充满激情与坚持的创作历程，毫无保留地展现在我的面前。每套餐具的诞生，都历经了无数次的打磨，承载着刘建对传统文化的深刻理解，以及对生活的无限热爱。这些餐具不仅是饮食的器具，更是情感的寄托，在悠悠岁月中，它们镌刻下了刘建独有的印记，也见证了他追求品质的历程。

五

2018 年，程府宴远渡重洋，刘建满心期待着要让中餐走出去，让更多人了解中国，想让外公能为他自豪，想把中国人的精致生活展现给西方人，扭转他们以往片面的固有印象。

然而，这段海外的经历恰似在波涛汹涌的海面行舟，充满挑战与曲折。

在海外经营餐厅时，刘建察觉到，他们眼中的中式元素无非是红色大门钉、大红灯笼、龙凤图案以及黄色色调。但在国人看来，这些只是中国往昔岁月的局部写照，当今中国有着更为丰富多元、精彩纷呈的文化元素与生活内涵，值得向世界展示。

比如，刘建在给西方人讲解《千里江山图》时，会讲述 900 年前中国古人在画卷中勾勒的理想生活：亭台楼阁错落，山水相依，画中古人面带笑意，处处彰显对生活的敬重与仪式感，以此向他们展示中西方文明各自独特的魅力。

西方人对中餐认知很有局限性，认为中餐只是炒饭、面条等普通食物，且对餐厅有诸多质疑，从经理身份到店内布置、音乐、餐具使用等，都成为他们的质疑点。

这些固有认知很难改变，新店开业时，新西兰《先驱报》的记者前来采访，给刘建的祝福里提到："希望他是先驱而不是先烈。"寥寥数语，道尽华人在海外餐饮领域拓荒的艰辛不易。刘建深知，完全照搬国内模式到国外也行不通，比如烤鸭，在国内备受青睐，在国外也深受喜爱，可当地鸭子品种不一样，风味口感也会大相径庭。像谭家菜、官府菜之类的传统佳肴漂洋过海后，西方人不一定能接受，他们会觉得黏黏糊糊的，还不如炸薯条可口。这些问题都需要一代又一代人深思熟虑、砥砺前行去解决。

其间，刘建还遭遇过一次外国人对中餐的误解而引起的风波，至今回想，仍历历在目。

新西兰奥克兰的帕贝尔地区，拥有丰富的历史底蕴。早在英国殖民新西兰的时候，这里便已存在，并且完好保留了许多早期的建筑。位于帕内尔的玫瑰园（RoseGarden）是奥克兰著名旅游景点之一，每年 10 月后这里上万株玫瑰盛开，地处玫瑰园中央的“白房子”是一栋有着百年历史的古建筑，无数恋人曾在这里举行婚礼。刘建的程府宴，就坐落于这栋“白房子”里。

在程府宴装修尚未完工的一天夜晚，一对 70 多岁的白人夫妇，听说这里要开中餐厅后，气势汹汹地叩响了程府宴的大门。他们一进门，就大声斥责，质问为什么要在这里开中餐厅，声称中餐油烟太大，会玷污这座美丽的建筑，毕竟这里是属于他们整个地区的公共花园。在他们的认知里，中餐或是口味悬殊的八大菜系，或是一桌人对着一个盘子，毫无优雅可言的“混战”。在这般片面的视角下，中餐背后的文化内涵与人文情感，皆被无情地忽视，令人不禁为中餐文化被误解而喟叹。

在刘建跟他们解释的过程中，老夫妇突然看到了餐厅墙上悬挂着的精美餐盘，那些盘子都是店里自己精心设计的。从第一家店到现在，历经近 20 年，每一个店都有一套独立的餐盘设计，每一个都独具匠心。由于新西兰曾是英国的殖民地，当地民众对瓷器的认可度很高，他们视瓷器为高雅格调的象征。此刻，他们目睹这些专属定制的精美瓷器，才肯聆听这家餐厅已有的历史，他们的态度急转直下，先前的指责转而改为称赞，并相信，这一定是个很好的餐厅，也从质疑变成了尊敬。

白人老先生在参观了即将装修完工的餐厅后，拉着刘建的手说："你敢不敢让我吃一次？我是美食评论家，好不好我都会写出来。"等他带着太太吃过一次后，直接给了满分。太太说："作为一名厨师，我找不到任何可以挑刺的地方。"

那次闹剧，让刘建意识到，人们对事物的认知深受历史形成的固有观念左右。西方人对中餐的误解，就源于长久以来的片面认知。这使刘建越发觉得，传承餐厅历史是留给下一任店主的宝贵财富。餐厅历史承载着历任经营者对美食文化的坚守，这份坚守不容松懈，它能打破外界的误解，助力餐厅的长远发展。

六

中餐走出国门，不应仅仅满足海外华人的味蕾需求，更不应故步自封、把市场越做越小。而是要让外国友人认识到，中餐同样可以精致、养生且高级。如今，中国菜与中国制造一样，早已不再是廉价、低级的代名词，而是在持续进化中不断焕新、日益精良。这，便是刘建对中餐走向国际舞台的深切寄望。

在海外的日子里，刘建好似怀揣使命，一心想把中国文化全方位展示出来。

在国内，他有一次前往故宫参观，有幸目睹了《千里江山图》与《云山墨戏图》两幅佳作。画作中那别具一格的韵味瞬间直击他的心灵。回到新西兰的餐厅后，他迫不及待地以这两幅传世名画为灵感源泉，全身心投入餐厅整体调性的精心打造之中。

从窗帘、地毯的色调选取与图案设计，到服务员服饰的款式构思，再到菜单的装帧细节，每一处都巧妙融入了这两幅画的独特元素。他巧妙运用《千里江山图》中蓝绿相间的山水之色，通过精心布置，仿佛将东方那连绵起伏、秀丽多姿的山水画卷直接搬至餐厅之内。而《云山墨戏图》中灰色与白色相互碰撞所散发出的高雅韵味，点缀些许金色，成为餐厅墙面与灯具的主色调。如此一来，整个餐厅营造出一种极致且精致的东方生活氛围，让每一位踏入餐厅的外国友人，都仿佛瞬间穿越时空，置身于东方文化的奇妙世界之中，并不由自主地发出由衷的赞叹："真是太漂亮了！"

不过，他心里一直藏着一个遗憾。他当时曾有一个美好的构想，想把记忆中极具北京特色的声音融入餐厅里。像胡同里清脆的鸽哨声、什刹海边上大爷们晨起吊嗓子的声音，还有甩鞭子的声响，甚至是秋天银杏叶飘落地面，风一吹过发出的沙沙声等等，这些充满老北京生活气息的声音。他想一位作曲家帮忙编织成美妙的旋律，让身处海外的食客在品尝中国美食的同时，能听到来自北京的声音，让海外的游子感受到家乡的温暖与亲切。可惜，这个想法实施起来难度太大，要跨越的障碍太多，加上时间紧迫，最终美好的构想没能实现，这成了他心中念念不忘的遗憾，他总想着以后有机会一定要再去尝试。

在遥远的新西兰，刘建创业历程中所经历的人和事，若付诸笔端，完全能成就一部情节跌宕起伏、充满坎坷波折的精彩电影。

刘建本是一个无神论者，然而在新西兰的这段日子里，他笑称自己遭遇到了幽灵；他还曾与海外某颇具势力的黑帮狭路相逢，对方曾恶狠狠地威胁要打断他的腿；而在机缘巧合之下，他不仅见到了毛利国王，甚至与新西兰总理有过交集。每一段经历，都像是命运精心编排的一场戏剧，转折与意外接踵而至，情节峰回路转，处处都散发着令人难以置信的戏剧性张力，让人不禁感叹命运的奇妙与不可捉摸。

那些在海外打拼的日子里，既有剑拔弩张的惊险时刻，又有满载而归的丰硕收获，也有得偿所愿的欣喜瞬间，还有陷入前路未知的迷茫困境。

餐厅的经营节奏有时候像难以捉摸的乐章，时而舒缓，时而急促。有一天，忙碌的旋律陡然奏响。餐厅内客人们欢声笑语，惬意地相聚享受，而后厨内却如战场般紧张忙碌。洗碗的大姐晚上八点半下班，刘建和气地与洗碗大姐商量，可以不可以再多工作一个小时，那天真的忙不过来。然而大姐把围裙递给他，坚决地说："不可以，今天我有约会。"

无奈，那天刘建在厨房与餐厅之间来回穿梭，一刻不停，直到夜里十二点半，喧嚣终于落幕，那晚，他是最后一个离开餐厅的人。拖着疲惫的身躯，开车来到海边，海风轻拂，凉意沁人，远处的火山在黑暗中隐隐约约，像是一个沉默的巨兽。刘建瘫坐在沙滩上，思绪开始不受控制地蔓延，他突然想不明白，一个人大老远跑来创业，刷盘子、洗碗、淘厕所这些活儿都干了，自己到底来干吗来了？而这个纠结的夜晚，正是他的生日。

然而，当第二天清晨，那一缕温暖的阳光穿透云层，轻柔地洒在他身上时，他不知道有多感谢新西兰的阳光。他突然想明白了，他是新一代的淘金者，他有着新中国人的梦想，于是，他又充满了干劲儿。

七

突然有一天，平静的生活被打破，压力如山洪一般将他淹没。此后的无数个夜晚，他躺在床上，总是无法入眠，满心的疲惫与无奈，在寂静的夜里被无限放大。他想着餐厅的生意，想着怎么才能让西方人真正懂中餐的好，想着那些刁钻的客人和难搞的食材。在那段黑暗的时光里，每天凌晨两点十五分，他总是骤然惊醒，睡衣早已被冷汗浸透。

很多个这样的夜晚，他仿佛都能听到一个恶魔在耳边蛊惑，那声音低低地重复着：“要不就放弃吧，一了百了。”那段日子，失眠和抑郁的阴霾疯狂袭来，那段日子，总是被痛苦煎熬。

可每当清晨的第一缕阳光穿过窗户的缝隙，轻柔地洒在他的脸上时，他又能慢慢活过来。他知道，在遥远的天际，外公正在默默注视着他，他不能丢外公的脸，得咬着牙继续往前冲。

那时，一位外国朋友曾与他促膝长谈。朋友眼中，中国人都似乎不知疲倦，整日忙得脚不沾地。朋友满脸疑惑地问道：“你们究竟在追逐什么呢？为什么每天都如此奔波，连喘口气、歇一歇的时间都吝啬给自己？”

刘建沉思片刻，坦诚相告：“因为我们心底总有一种危机感，大家都渴望多挣些钱，盼着能过上优质的生活。”朋友穷追不舍：“那在你心中，怎样的生活才称得上优质呢？”刘建眼中闪过一丝憧憬，说道：“起码得有一座宽敞的大房子，最好是像国外那种带花园的别墅，让人能尽情享受生活的惬意。还得买辆豪车，毕竟在我看来，那是身份与地位的象征。再者，我还想去看看这世界上最美的地方，去领略不同的风土人情，感受世间的万千美好。”朋友听后，微笑着反问：“这些你都有了，你也身在世界上最美丽的地方，是不是就该好好享受生活了呢？”刘建一下子愣住了，喉咙像被什么哽住，竟一时无言以对。

刘建从朋友的反问中回过神来，心中泛起一阵复杂的情绪。他知道，打破痛苦的关键就是不要去想太多，着眼于当下，去具体地做事情就好。

为了在新西兰站稳脚跟，他去了解当地的法律，去探寻当地的食材。新西兰有着很美的风景，食材更是出众。他时常出去寻找新鲜的食材，还会跟当地人探讨他们对中餐的理解，这些交流让他拓宽了视野，为他的创业之路带来了全新的认知。他的身体渐渐有了好转，于他而言，那段时光非常宝贵。

刘建十几岁时，曾问一位痴迷中国文化的日本朋友：“既然那么爱中国，为何不做中国人？”朋友严肃地回答：“I like China, but I love Japan。”那时的刘建，满脸困惑，脑海里反复咀嚼这句话，却怎么也参不透喜欢与爱的区别。

时光飞逝，多年后的刘建远渡重洋，置身于新西兰的土地上。在异国他乡的日子里，那些曾经被忽视的情感，如同被岁月唤醒的种子，破土而出。每当夜幕降临，他总会望着远方，思绪漂回遥远的北京。深处海外他才深知，自己最爱的还是北京这座城。他深知，自己就是个北京人。即便在海外度过了一段难忘的时光，北京的一切就像有一种无形的力量，无论相隔多远，总能把他召唤回来。

有一次，郭德纲去新西兰演出。台上，郭德纲一袭长衫，与那三弦声默契地交融在一起，开腔唱起了《探清水河》。“桃叶儿尖上尖，柳叶儿就遮满了天……”那醇厚的嗓音，带着老北京独有的腔调，如同一只温柔又有力的手，猛地攥住了在场每一位华人的心。刹那间，思念的潮水在众人心中汹涌而起，刘建的思乡之情汹涌而至，他整个人像是被定在了座位上，思绪已然如脱缰之马，奔回了那个远在万里之外的北京。他顿时觉得，应该可以做更多带有北京味儿的事儿。

八

在新西兰的海外拓展经历，对刘建而言，是挑战，也是磨砺，更是成长。那些在海外遇到的困难、收获的成就、经历的误解与理解，都如同深深烙印在他心底的印记，时刻影响着他对餐饮事业的思考。海外的经历让刘建更加明白，美食文化的传承与创新，任重道远，而国内市场同样有着无限的可能等待他去挖掘。带着在海外积累的经验和对中餐文化更深层次的理解，刘建将目光转回国内，开始思索新的品牌拓展与多元发展之路，决心在国内餐饮市场再闯出一片新的天地。

2009年，在程府宴成功运营的基础上，刘建又创立了一个新品牌——汝肴。程府宴定位为精品匠人料理店，凭借精湛手工技艺、个性化定制服务以及独特的仪式感，在餐饮市场独树一帜。而汝肴则另辟蹊径，主打面向大众的精品健康小餐点与伴手礼系列，走零售路线。虽然两个品牌定位与经营模式不同，但都深深扎根于传统文化的传承。也正因如此，刘建始终强调，自己投身的不仅是餐饮行业，更是意义深远的文化产业。

汝肴的明星产品——汝肴大花生，原料都是严选山东精品，历经十里挑一。每颗经过手工挑选出超大颗粒，人工剥壳，通过三层秘酱涂料，以及匠心独运的烘焙工艺，最终呈现出芳香酥脆的口感与颗颗外形饱满的国肴品质。

汝肴大花生的口味丰富多样，包含酱香原味、玫瑰味、酸辣味等。酱香原味的花生，入口便能感受到醇厚浓郁的酱香，与花生本身的香脆完美融合；玫瑰味的花生则别具一格，在花生的香脆中融入了淡淡的玫瑰花香，花香与果香交织，给味蕾带来独特而奇妙的体验；酸辣味的花生，巧妙地调配出酸辣的口感，刺激着味蕾，让人欲罢不能。

汝肴大花生不仅可以作为餐前伴酒的小食，为品酒时光增添一份惬意；也适合在休闲时刻享用，满足人们对美味零食的追求。在一些重要的宴席场合，汝肴大花生也时常亮相，凭借其独特的风味和背后的文化内涵，受到众多美食爱好者的喜爱。

如今，汝肴由刘建的妹妹共同打理。妹妹和外公一样，对餐饮事业满怀热忱，做事专注纯粹，从不计较个人得失。在汝肴的产品规划中，刘建有个想法，就是在每个产品包装上都印上外公的肖像。起初，妹妹对此难以接受。她心中对外公无比敬重，她一想到外公的肖像可能会被随意丢弃，甚至遭受践踏，心里就像被针扎一样难受。

刘建十分理解妹妹的心情，对她说："如果实在不同意，这件事就先搁置。"然而，兄妹俩心里都明白，程汝明老先生一生充满传奇色彩，他们想让更多年轻人知晓，爷爷是一个励志榜样。正如《国厨程汝明》一书中，用"亲情、励志、传奇"精准概括了程汝明老先生的一生。传承先辈精神，似乎已成为他们这些晚辈义不容辞的责任。

九

刘建一直在尝试做一些颇有意思的事，像是精心复刻老菜单，还用 AI 技术复原了外公的模样。顾客用餐时，外公的 AI 形象便会出现，生动地讲述 20 世纪五六十年代的难忘经历，将每道菜背后的历史典故阐释得绘声绘色，其精彩程度连刘建自己都自叹弗如。不仅如此，为契合那个时代的氛围，所有相关服装服饰均参照20世纪60年代人民大会堂的样式精心打造，部分已制作完成，其余仍在紧锣密鼓地制作中。

早在十几年前，刘建便引入裸眼3D技术，为顾客营造新奇的体验。顾客于餐桌上，能直观看到厨师制作菜品的精彩过程。以外公曾做的“才饮长沙水，又食武昌鱼”这道菜为例，刘建将其改编成一个生动故事，通过裸眼3D技术呈现钓鱼及烹饪场景，充满趣味，令顾客沉浸其中。

刘建认为自己算是带着相对年轻的思维进入餐饮行业的，但也深切感受到了紧迫感。他担心未来会出现接班人断档的情况，毕竟目前已经显露这种迹象了。所以，他始终努力接触更前沿、更具活力的新事物，尽管进展缓慢，却从未放弃。与此同时，传统的精髓绝不能走样。家中那些传承下来的老派烹饪方法和经营理念，他都一丝不苟地遵循着，原汁原味地保留着。

他曾开玩笑说，希望企业能长久稳健地发展下去。不过，可能最后人们只会记住两个人：一个是开山鼻祖、创始人程汝明先生；另一个则是当时在位的CEO。而其他众多为企业付出心血的人，就如同河滩上的石子，虽不可或缺，却可能不会被大众铭记。

刘建有许多畅想，然而，梦想斑斓，现实却布满荆棘。

刘建原本规划到50岁便可以功成身退，悠然地开启人生的另一段惬意时光。但现实中的种种状况，促使他改变了原有的想法，按时退休是不可能了，而且他又打算推出一个全新的品牌——“柬93”。

说起这个品牌名称，其中也有个小故事。“柬”字象征着勤俭，这既是中华民族传承千年的传统美德，也是他在多年的商业经营过程中，始终坚守的重要理念之一；而“93”这个数字，则承载着他与外公两代人投身厨师行业的珍贵记忆。刘建是在1993年踏入厨师行业的，而程汝明先生是在1939年就开启了自己的厨艺生涯，这跨越了半个多世纪的传承，仿佛是一种奇妙的历史呼应，赋予了这个品牌深厚且独特的情感底蕴，使其从诞生之初就自带了一份别样的温度。

而“柬93”这个品牌的定位，源于刘建儿时那段充满烟火气的美好记忆。小时候，邻里间谁家烹制烧肉，那醇厚浓郁的肉香就会弥漫整栋楼。尤其是他家那口颇具年代感的大砂锅，用它烧出来的五花肉、牛肉，香气仿佛有着神奇的魔力，即便时隔多年，如今回想起来，那诱人的味道似乎依旧萦绕在鼻尖，让人不禁垂涎欲滴。

受这段美好回忆的启发，刘建萌生出打造一款独特美食的想法，就像北京南城牛肉烫饭那般独具风味。想象一下，鲜嫩多汁的红烧牛肉，搭配粒粒饱满的米饭。将米饭轻轻扣在牛肉上，再用小火耐心烧三分钟。让每一粒米都如同海绵吸水一般，充分吸收牛肉汤汁的醇厚鲜美。光是想想这画面，那味道似乎就在舌尖跳跃，瞬间勾起人们强烈的食欲。

刘建满怀期待，希望将这个品牌打造成可复制推广的小品牌，将人均消费降低。这样，更多人都有机会品尝到这份饱含着儿时记忆与独特匠心的美味佳肴。对他而言，这也是职业生涯全新的尝试与挑战。毕竟，长久以来，他心底一直藏着一个美好的梦想：在 50 岁之后，拥有一个真正完全属于自己、承载着个人理念与深厚情感的品牌。

十

刘建对事业满怀憧憬，而工作之余，刘建在生活中是怎样的状态呢？回到我刚开始问他的问题，外出就餐时会不会很挑剔？他给我分享了两次外出就餐的经历。

一次在新西兰，刘建带着程府宴新西兰分店的两位厨师，前往一家新开的中餐厅。这家餐厅当时人气爆棚，座无虚席，店内座位挨得很近。就餐时，他们在默默品尝菜品，邻桌却有人大声指责、评论餐厅。

邻座中有个自称在国内拥有 6 家餐厅的大 V，口口声声说自己对菜品极为精通，不停地大声数落这里的菜品糟糕。餐厅经理满脸恭敬，站在一旁听着。大 V 一会儿指责这道菜做法不对，一会儿又说那道菜不该这么做，甚至对菜品的味道表示难以置信："这个味道你们竟然都能做出来？！"

场面闹得十分不愉快，有人提出换一家店吃。大家起身准备离开时，还有人对经理撂下狠话："能把大 V 气成这样，这家店肯定开不长久。"

当时，刘建三人全程谁都没吭声。用餐完毕，刘建去结账时，餐厅老板恰好走了出来，一眼便认出了他。老板赶忙把经理叫过来，介绍道："在咱们中餐领域，这位可是天花板级别的人物。"

经理看到刘建，顿时既紧张又惶恐。毕竟刚才那位大 V 大声指责自己时，刘建就坐在邻桌。经理心里七上八下，忐忑地询问刘建："您对我们餐厅有什么意见呀？"刘建微笑着回答："我觉得挺好的。刚才别人对你们的评价我也听到了，不过在我看来，在距离中国大陆一万多公里远的地方，能把中餐做到这个水准，已经相当厉害了。"说着，刘建竖起了大拇指。紧接着，刘建又说道："不用非得按照国内的标准来要求自己，毕竟这里不是中国。"

刘建笑着告诉我，在自家餐厅，他总是严苛地审视自身存在的各种问题，可一旦外出就餐，他永远都说："你看人家这个做得多好"。在他看来，实在没有必要去挑别人的毛病，因为他太能体会同行的不易了。自己都不完美，为什么去这样要求别人。大家都在努力，说不定，人家一直在暗自自我调整呢。而且，同行肯定有值得学习的优点，发现这些闪光点，赶紧汲取经验。那些好的东西才是最值得去看的。

还有一次是在北京，他曾经和一位朋友去一家四合院里的餐厅吃饭，那大概是 15 年前的事，人均 1500 块真的不便宜，吃完后朋友冒出一句："我终于知道我比他强在哪儿了。"刘建听后，心里暗自感慨："得，这顿饭算是白吃了。"刘建觉得，在外面吃饭时肯定能看到问题，但不要老盯着问题不放，因为餐厅老板肯定比你还着急呢。

餐饮行业门槛低，刘建的外公当年选择学厨师，就是因为没学历、没权、没钱，作为底层百姓，仅仅是为了谋求生存。这一行入门虽容易，可真正有所建树、出类拔萃的人却寥寥无几。大多数从业者不过是为了混口饭吃，随波逐流。

“想做好实在太难了，有时候，走着走着就变得很执拗，一心只想把事情做到尽善尽美。”他感慨地说。

十一

随着年龄的增长，刘建越发有紧迫感。毕竟餐饮行业的工作强度极大，着实辛苦。就像前一天晚上，他在餐厅吃完饭后，紧接着开出品会。这种会常常开到深夜，甚至凌晨。他的要求极高，每天每餐都会暴露不同的问题，需要及时总结改进。他深知做到完美几乎不可能，但也正因如此，才会对员工提出诸多严苛要求。

我很好奇这么严苛的人，平时最喜欢吃什么？他的回答令人忍俊不禁。他说，自己确切知道的是不爱吃什么，那便是程府宴。由于工作的缘故，他日复一日地与程府宴的菜品打交道，曾经或许存在的喜爱之情，早已演变成了一种责任。每次面对程府宴的菜品，他就如同一位专注寻找瑕疵的品鉴师，全身心投入审视与评判之中。

以新菜单推出为例，这一过程对刘建而言，充满了挑战与煎熬。每次新菜单推出，他总会因频繁试吃而增重 10 斤左右，之后又不得不辛苦减肥。在平日里，他的个人饮食极为简单，有时两块饼干就权当一顿饭。但工作时的状态截然不同，他曾有过从早上 9 点开始试菜，一直持续到晚上 10 点多的经历，吃到整个人都肿了起来。

刘建对待试菜工作极为严苛。就拿红豆蛋糕来说，只需轻轻一口，便能精准判断其糖分是否达标、火候是否精准。一旦发现问题，他会立即要求厨房进行调整。他沉浸于这种反复尝试、不断改进的过程，只为让每一道菜品都至臻完美。他也有着自己的情感偏好，养鸽子却从不食用鸽子肉，养兔子也不会吃兔子，但出于工作需要，那些以鸽子、兔子为食材的菜品，他又不得不品尝，内心时常处于一种矛盾分裂的状态。

再者，程府宴采用分餐制，每道菜都是一道一道依次上桌。这就要求他在菜品设计时，必须全面考量每道菜之间的口味搭配关系。不能仅仅着眼于某一道菜的美味程度，而是要从整体出发，通盘考虑。有时，他会模拟客人的用餐过程，将每道菜都完整地品尝一遍。但他发现，吃到后面，即便菜品存在一些瑕疵，也很难敏锐地察觉，因为味蕾已经被前面的食物过度刺激。在这种情况下，他就需要对菜品的分量、上菜顺序、口味搭配、烹饪方法以及视觉呈现等方面进行全方位调整。同时，他还要兼顾男女老少，不同年龄段人群的口味差异，努力寻求一个平衡点，力求让每一位顾客都能满意，他觉得只有这样，才无愧于自己的职业操守。

然而，在实际工作中，他的设想与客人的反馈有时会出现偏差。有一次，一位美食家问他，为何历史菜单上有两道菜不见了。他解释道，是因为自己对这两道菜不太满意，所以暂时将它们下架，至于何时重新上架，目前还没有确定的时间，他必须先让自己满意，才能让客人惊艳。美食家听后，评价他太过“任性”。

自从刘建踏上归国的土地，失眠的顽疾稍有好转，那久违的、安稳的睡眠状态，仿佛又隐隐寻回了几分。

曾经，在香港熙熙攘攘的地铁里，刘建目睹的场景，像极了一场无声的逃难。人群如潮水般匆忙奔走，脚步匆匆，神色匆匆。他本是以游客的身份置身于此，可不知怎的，竟也不由自主地加快了步伐，仿佛稍有迟缓，就会被这快节奏的洪流无情吞没。

在这样的环境中，整个国家正以惊人的速度向前发展，一代人仿佛肩负着两代人的使命，每个人都拼了命地追赶，刘建也不例外。

刘建深知餐饮行业竞争激烈、变化迅速，前行之路布满挑战。为了事业，他全身心投入，日夜兼程，在程府宴严格把控菜品品质，为汝肴发展出谋划策，还要筹备新品牌“柬93”。忙碌的工作让他无暇顾及自己的生活，休息时间极少，内心虽有愧疚，但他始终保持乐观，凭借对餐饮事业的热爱和对传承文化的使命感，在困境中坚守，努力平衡生活与事业，从未有过退缩之意。

刘建一路走来的每一步，都深深烙印着北京人特有的“讲究”。这份“讲究”，体现在对传统的敬畏与守护，对饮食的大胆创新和执着，以及对文化传承的担当。从程府宴，到汝肴，再到即将推出的“柬 93”，他宛如一位不知疲倦且执着的文化行者，在美食与文化融合的广袤天地里，不断探索，勇敢开拓新的边界。

在这个快节奏的时代，刘建的“讲究”显得尤为珍贵。他不随波逐流，用心雕琢每一个品牌，每一款菜品。他的每一次尝试，都像是一场与北京这座城的深度对话，凝聚着这座城市历经岁月沉淀的智慧与气度。

希望刘建能将这份深入骨髓的“讲究”永远延续下去。在美食与文化交融的道路上，不断书写属于他，也属于这座城市的迷人故事，让更多人领略到这份独特的魅力与传承。

让这份“讲究”在时代的浪潮中悠悠传唱，历久弥新，不断吸引更多人领略美食与文化融合的独特魅力，传承这份珍贵的精神财富，续写属于“讲究”的传奇故事。

来自刘建的留言：

尊我外公教诲，干干净净做菜，干干净净做人。

我将永远留在这座城

本期主角

可勒

满洲正白旗后裔

肆拾贰坊·创始人

御匠联盟·主理人

一

初次认识可勒，他是拥有二十多万粉丝的自媒体人。他创办了“可勒说”，专注于老北京文化和宫廷文化的传播。凭借着能言善道的本事和对古今文化的深厚了解，在镜头前应对自如，气场丝毫不输专业主持人。看着屏幕中侃侃而谈的他，谁又能想到，曾经，开口说话对他而言竟是那么艰难的一件事。

可勒出生在北京一个优渥的家庭，身为旗人后裔的他，在皇城根脚下的独立四合院里度过了童年时光。小时候的他白白胖胖，十分可爱，就像老年画里走出来的胖娃娃。然而，命运却跟他开了个残酷的玩笑——先天性的唇腭裂，给他的成长之路带来了数不清的困扰。

小学一年级时，课堂上的可勒是个积极的孩子。在一次数学课上，老师提问："1+2 等于几呢？"当时，可勒毫不犹豫地举起了手，他白白净净的模样，写满了对回答问题的期待，透着一股认真劲儿。老师看到他举手，便点了他的名。可当可勒开口回答时，由于唇腭裂导致的发音不清，他努力发出的声音含糊一片，即便涨红了脸，拼命重复，同学们还是一头雾水，根本听不清他在说什么。

刹那间，教室里原本安静的氛围变得有些异样，随后，同学们疑惑的目光纷纷投向他。那一刻，可勒感觉自己仿佛被孤立在一个无声的世界里，满心的期待瞬间化为窘迫与羞愧，他的脸"唰"的一下涨得通红。

那次经历，如同一块沉重的石头，狠狠地砸在了可勒幼小的心上，给他带来了极大的打击。从那以后，在长达 6 年的小学时光里，无论面对什么样的课堂提问，可勒都再也没有勇气，举起那只曾经充满希望的手。每一次老师的目光在教室里扫过，他都会条件反射般地迅速低下头，躲避那道目光，内心被自卑和无奈填满。

可勒慢慢长大，为了逃避说话带来的尴尬和困扰，可勒和家人经过深思熟虑，做出了一个重要的决定——让他进入文工团跳舞。初中的时候，可勒就开始走这条路线了。在文工团，可勒找到了一片全新的天地。排练厅里，音乐响起，灯光洒下，他可以尽情地舒展肢体，用舞蹈动作诉说那些无法用言语表达的情感和想法。每一次旋转、每一次跳跃，都像是他内心世界的一次释放。在这里，他暂时忘却了因唇腭裂带来的烦恼，沉浸在舞蹈的世界里，享受着属于自己的快乐时光。台下的观众都在专心看表演。他们不会去仔细瞧，跳舞的人里，有没有谁的脸和别人不一样。

唇腭裂，就像一道阴影，曾经长久地笼罩在可勒的成长之路上，成了他心中一道难以逾越的坎。那些年，手术成了他生活的一部分，前前后后，他经历了 4 次全麻手术。每一次躺在手术台上，对他来说都是一次身心的巨大考验。手术室外，等待的时间无比漫长，每一分每一秒都像是在煎熬；手术室内，医生们专注地操作着，而他则在麻醉的作用下，陷入短暂的沉睡，可醒来后，身体的疼痛和内心的焦虑却如影随形。在这漫长的等待与治疗过程中，可勒心中只有一个强烈的期盼——像正常人一样说话。

终于，在他 18 岁那年，命运迎来了转机。医生成功完成了对他外观的修整手术。当他站在镜子前，第一次看着镜子里焕然一新的自己，眼中满是惊喜与激动。那一刻，他知道，自己一直期待的全新生活，终于要开始了。

很难想象，在那之后，可勒付出了多少努力，才创造了如今拥有 132 万点赞的“可勒说”。为了能够清晰地表达自己，他花费了大量的时间练习讲话。从最基础的发音开始，一个音节、一个词，反复地练习，无数次地尝试，才有了现在在镜头前侃侃而谈的他。

曾经，舞蹈是可勒的梦想。他朝着歌舞剧方向，刻苦训练了十年。说话的问题解决后，他又投入专业美声的训练中，满心期待着能考入专业歌舞剧团。然而，命运似乎总爱开玩笑。在一次彩排中，意外发生了，他受了重伤。这次伤痛，无情地终结了他的舞台梦想，他不得不告别向往的舞台。

不能再跳舞了，但可勒依旧可以站得笔直。这次伤痛，反而成了他人生转型的契机。此后，他尝试了许多不同的工作，积累了丰富的阅历。他做过演员经纪人，跟导演王朝歌、段嵘、张家林合作，在娱乐圈中摸爬滚打，为艺人的事业发展出谋划策；也从事过活动策划，精心打造一场又一场精彩的活动。后来，他凭借着对传统文化的热爱，成为御匠联盟的创始人，联动圈内的老匠人、老专家，致力于传承宫廷技艺和非遗文化。如今，他又在文化传播自媒体领域做得逍遥自在。

在这一路的闯荡中，他有过风光无限的时候，也经历过失败的打击；有过满心欢喜的瞬间，也有过忍不住骂娘的委屈，但他从未气馁。就像他自己说的那样，已经面临过好几次死亡的威胁，还有什么可害怕的呢？他始终带着那份对生活的热爱和对梦想的赤诚，勇敢地活着。

二

可勒就像是生活舞台上的一位独特观察者，对生活有着旁人难以企及的细腻感知，尤其是对味道，他的敏感程度简直超乎想象。走在熙熙攘攘的街头巷尾，大多数人都行色匆匆，只是机械地穿梭在城市的脉络中，对周围的一切视而不见、听而不闻。但可勒不一样，他仿佛拥有着一种超能力，能像敏锐的猎犬一样，精准地捕捉到空气中那些稍纵即逝、细微的气味变化。无论是花朵绽放时那馥郁的芬芳，还是雨后空气中弥漫的淡雅清新，抑或是街边小吃摊飘来的浓烈香味，在他的世界里，每一种味道都被赋予了独特的意义，仿佛是生活在向他悄悄诉说着不为人知的故事。

在众多与味道相关的事物里，抽烟是可勒最无法忍受的。他对别人嘴里散发出来的烟味实在是深恶痛绝，那股刺鼻的气息，只要一钻进他的鼻腔，就像一根尖锐的针，扎得他难受不已，每次闻到，他都会不由自主地皱起眉头，眼神里满是嫌弃。

说来也怪，可勒不抽烟，却爱上了雪茄。在他眼中，雪茄有着别样“装”的优雅，那可不是一般的烟草制品。他常常挂在嘴边说，抽雪茄对他而言，是一种神圣的仪式感。闲暇时分，他会特意挑选一个安静的角落，缓缓拿出一支雪茄。用特制的工具小心地剪去雪茄帽，再拿起打火机，让火焰与雪茄保持恰到好处的距离，均匀地转动雪茄，将其点燃。看着那袅袅升起的烟雾，如同灵动的精灵在空中翩翩起舞，独特的香味也随之在空气中缓缓弥漫开来，萦绕在他的鼻尖。那一刻，他仿佛瞬间进入了一个专属于自己的宁静世界。雪茄的味道醇厚且富有层次，初闻时，那淡淡的烟草香就像一位老朋友，带着熟悉的温暖；细细品味，一丝若有若无的木质清香悄然浮现，将他仿佛带到了静谧的森林；再用心感受，些许甜味又轻轻在舌尖散开，这种复杂而迷人的味道交织在一起，让他沉浸其中，享受着这份独属于自己的“装”的惬意。

在饮食方面，可勒的口味独特得很，充满了自己的个性。孜然羊肉是他餐桌上的常客，隔三岔五就得吃一回。每次走进餐馆，只要听到铁板上羊肉滋滋作响的声音，再撒上一把孜然，那浓郁的香味瞬间扑鼻而来，他的食欲一下子就被勾了起来。鲜嫩多汁的羊肉，在孜然独特香气的烘托下，变得更加诱人。咬上一口，羊肉的鲜嫩与孜然的香味完美融合，在他的口腔里奏响了一曲美味的交响乐，每一口都让他陶醉其中，忍不住一口接一口。

牛蛙也是他的心头好。不管是色泽诱人的红烧牛蛙，还是酸辣开胃的泡椒牛蛙，只要端上桌，他就挪不开眼。还有嘉陵楼的蛙肚，为了这一口蛙肚，哪怕路途再远，他也愿意前往。这些都是他酷爱的美食。

和备受大众喜爱的烤鸭比起来，他对全聚德的火燎鸭心情有独钟。这道经典名菜的做法十分讲究，厨师会在现场浇上酒，然后点火，瞬间火焰升腾，那恰到好处的火候，把鸭心的香味完全激发了出来。做好的火燎鸭心，几乎不用搭配香菜，直接吃毫无腥味，口感绝佳，每一口都让他直呼过瘾。

每次吃到这些美食，满满的幸福感就像烟花一样在他心里炸开。

三

可勒常常念叨，北京城过去和现在在吃饭这件事上的变化。以前老北京人管去饭店吃饭叫“下饭馆”，在那个时候，下饭馆可不是一件随便的事儿。你要么是有头有脸、身份地位高的人，要么得兜里有钱，而且还得提前占好位置，才有资格走进饭馆享受美食。要是没有这些条件，那就只能在街边的路边摊随便吃点，或者老老实实回家自己做饭。

以前饭馆里的伙计，那讲究也很多。就说把盘子收走，每一个动作都透着老北京的那份规矩。

伙计们走到桌前微微欠身，轻手轻脚地将空盘子摞起，动作娴熟利落，尽量不弄出声响，生怕扰了客人。

再看看如今饭馆里的场景，简直大不一样。很多饭馆直接推着大推车，垃圾桶在旁边收垃圾，收垃圾时产生的飞沫一不小心就溅到旁边的桌子上。可勒回忆起有一次，自己还没吃完呢，扫地的人就过来了，这多让人讨厌啊！他觉得扫地应该等客人都走了，饭桌上也收拾干净了再扫，哪有客人还在吃饭，就直接在底下扫地的道理？可现在大部分饭店都这样，真不知道该说什么好。

这些饭馆里的变化，不过是北京城众多变迁中的一个小小缩影。可勒见证着这些变化，心里满是感慨。在可勒心里，他对北京这座城爱得深沉。他常说，自己既然爱这座城，就得为它做点什么。他也希望来北京的人，都能了解这座城市的规矩。要是想在北京干出一番事业，或者舒舒服服地生活下去，就必须遵守北京的规矩。就像老北京人常说的那些礼貌用语，问路的时候，得说“劳驾”或者“您好”，这样对大家都好。

“规矩”这个词，在北京有着独特的意义。别的地方或许也有类似的行为规范，但好像只有北京人把“规矩”这两个字常常挂在嘴边。很多外地人不理解，觉得北京人讲究太多，甚至有人说北京人“事儿”，“爱装”。但这似乎就是北京的特色，是这座城市历史文化的一部分。毕竟北京作为曾经的古都，天子脚下，人群里藏龙卧虎。这些规矩里藏着老北京人的生活智慧和对生活的尊重。就像以前，说不定出门真能遇到达官贵人，所以大家都得守规矩、讲礼貌，这些传统一直延续到现在，虽然形式上可能有变化，但规矩背后的那份对生活的认真劲儿，一直都在。

可勒是在皇城根儿的胡同里长大的。那时候，邻里间抬头不见低头见，见了面必须得打招呼、叫人，不叫就是没规矩。

小时候，可勒就因为这事儿闹过笑话。有一回，他出大门口，瞧见一位邻居，佟太太在那儿乘凉，一时没叫人。佟奶奶是老旗人，是佟家氏的后代，这老太太可不依不饶，拄着拐棍就冲到他家，跟他爸告状：“嘿！你家这小乐，今天见了我都不叫人，没一点儿规矩！”

时光流转，很多事都变了。后来，不少人从胡同搬进了楼房，老北京人也从城中心慢慢分散到了北京的各个角落。邻里之间的关系，也跟着变了味儿。大家住在对门，却常常互不相识，有时候见了面，甚至还巴不得不认识。曾经热络的邻里情，变得越来越淡薄，北京这座城，也似乎少了那么些烟火气。

有人说，江湖不是打打杀杀，而是人情世故。在胡同里的日子，邻里间的相处就是一个小小的江湖。那些看似琐碎的规矩，那些因为没打招呼而起的小风波，其实都是人情世故的一部分。如今，人情变薄，城市的模样变了，可那份对往昔温暖邻里情的怀念，却始终留在土生土长的北京人的心里，时不时地，就会泛起一丝淡淡的怅惘，让人忍不住去想，我们在追求新生活的同时，是不是也失去了一些无比珍贵的东西呢?

四

如今可勒能在各种场合口若悬河、妙语连珠，背后离不开大量阅读的积累。走进他的家，就仿佛踏入了一个书籍的小世界，各类书籍堆得满满当当，书架被塞得严严实实，甚至有些书都在地上摞成了小山。这些书都是他的心头好，为了珍视它们，可勒还特意收集了200多个印章，每一枚印章都承载着他对书籍独特的情感，是他眼中的宝贝。

每次读完一本书或者一个章节，对可勒来说都是一场充满仪式感的体验。他会仔细回想读书时的节气，结合自己对这本书的评价，慎重地挑选印章，轻轻地盖在书页上。比如在立冬那天，当他读完一本令他深受触动、备受启发的书时，他会先找出代表立冬的节气章，小心翼翼地在书页角落盖上，接着，再认真挑选一枚代表自己高度认可的评价章，稳稳地印在旁边。看着两枚印章相互映衬，他的心中甚是满足。其中有些印章还是他亲手刻制的。

可勒常说自己没什么特别的喜好，可了解他的人都知道，他对这世界的万事万物，充满了无尽的兴趣。这种好奇心，或许要追溯到他的童年时光。

小时候的可勒，最爱往官园跑。曾经的官园花鸟鱼虫市场，是老北京的一大特色，也是可勒的“快乐天堂”。那里热闹非凡，走进市场，仿佛进入了一个精彩纷呈的世界。除了色彩斑斓的观赏鱼、叫声清脆的蝈蝈和蛐蛐，还有各种各样的商品琳琅满目。钓竿、古董、佛教用品、字画、风筝……应有尽有。市场周边，还能看到售卖小鸟、猫咪的摊位，空气中甚至弥漫着淡淡的烟叶香气。这是一个独具特色的综合市场，充满了生活的烟火气。

那时的可勒，只要看到感兴趣的小动物，就会立刻停下脚步，轻手轻脚地蹲在一旁，目不转睛地观察起来。他会盯着那些花鸟鱼虫、观察它们的一切细微之处；会侧耳倾听摊主怎么售卖吆喝；会饶有兴趣地看有经验的买主，如何与店主互相讨价还价，吹牛扯淡。

日子一天天过去，他对这些充满烟火气的场景了如指掌。这些童年的观察经历，成了他日后与人聊天时的谈资。在与人交流时，他总能绘声绘色地描述那些有趣的细节，不仅轻松地融入各种圈子，还能从交流中不断收获新的启发。也正是在这样的过程中，他对观察和探索的热情越发高涨，仿佛生活中处处都藏着等待他去发现的宝藏。

时光流转，岁月变迁。曾经，那个在官园花鸟鱼虫市场里满是好奇的小男孩，如今已步入中年。然而，可勒身上那股旺盛的求知欲却丝毫未减。在闲暇时光，读书成了他生活中不可或缺的一部分，但他还热衷于探索新的领域，渴望拥有更加丰富的生活体验。

为了深入了解香道、雪茄和红酒品鉴知识，他专门前往专业机构系统地学习。这些知识，或许与他的工作有着千丝万缕的联系，但他也很享受学习过程中的那份专注与投入。透过这些，也让他品味着生活的细腻与美好。生活，也因为这些新的探索，变得五彩斑斓，每一天都充满了新鲜感和乐趣。

回首往昔，那些童年时在官园市场里向往的热闹与新奇，如同一束光，照亮了他的成长之路。如今，虽然时光已换了模样，但那份对世界的热爱与好奇，依然如故。那些多年前曾向往的舞台灯光，如今只是换了个模样，依然照在他的身上。

五

在可勒的灵魂深处，北京就像一座熠熠生辉的灯塔，占据着无可替代的独特位置，与他的生命紧紧交织在一起。对他而言，北京的味道不是简单的气味，而是一首镌刻在心底、永不落幕的旋律，独一无二且无可比拟。

可勒是个见过世界的人，他的足迹遍布全球 50 多个国家。

在异国他乡，他见识过巴黎街头的浪漫风情，感受过纽约都市的繁华喧嚣，领略过东京巷尾的精致细腻。然而，无论走到哪里，北京始终是他心中的挚爱。那些远方的风景固然美丽，但北京，才是他灵魂的栖息地。

哪怕是被不少人诟病的雾霾天，也丝毫动摇不了可勒对北京的热爱。每次，当他的双脚迈进北京二环，一种难以言表的欢喜便会涌上心头。二环的大街小巷，仿佛被施了神奇的魔法，弥漫着一种与别处截然不同的独特氛围。脚下的每一块青砖，街边的每一棵绿树，甚至墙角的每一株小草，都承载着他无数的回忆和情感。

在这里，他曾和小伙伴们在胡同里嬉笑玩耍，曾在夏日的大树下听老人们讲述过去的故事，也曾在夜晚的路灯下独自思考人生。可勒常常觉得，二环就如同孙悟空用金箍棒为唐僧画下的那个神奇圆圈，只要身处其中，内心就会无比安定，所有的烦恼和疲惫都会瞬间消散，仿佛找到了心灵的避风港。

闲暇时，可勒喜欢抬头望向北京的天空。它或许不像海边城市的天空那般湛蓝如宝石，纯净得没有一丝杂质，但在可勒眼中，这片天空却格外亲切。晴天时，阳光灿烂，洒在身上暖烘烘的，那是北京给予他的温柔拥抱；阴天时，乌云密布，天空仿佛压得很低，可他却觉得这是天空在和他亲密接触。

这片天空见证了他的成长，从咿呀学语的孩童，到青涩懵懂的少年，再到如今成熟稳重的中年，北京就像一位默默陪伴着他的老友，无论风雨，始终守护在他身边。

可勒总是强调，北京绝不仅仅属于北京人，它是一座包容万象的国际化大都市，是全国乃至全世界人民的北京。这座城市所拥有的独特“京味”，就像一条无形却坚韧的纽带，将来自五湖四海的人们紧紧相连。这种“京味”无处不在，渗透在城市的每一个角落，体现在生活的方方面面。

单说北京的小吃，就完美诠释了这种独特的味道。在可勒心中，北京小吃可不是简单的豆汁、卤煮这些传统美食就能概括的。北京就像一个美食大熔炉，汇聚了全国各地的特色美食，它们在这里相互交融、相互影响，形成了一种独一无二的“京味”。就拿炸酱面来说，看似普通的一碗面，实则蕴含着老北京人对生活的讲究和热爱。筋道的面条，配上精心调制的炸酱，再码上五颜六色的菜码，每一口都充满了浓郁的酱香和家的味道。还有豆汁焦圈，那独特的口感，初尝时可能让人有些难以接受，但细细品味，却能感受到老北京的韵味和历史的沉淀。只有真正懂北京的人，才能品味出其中的独特魅力。这些小吃，不仅仅是一道道美食，更是北京历史和文化的生动体现，每一口都承载着岁月的记忆。

而北京人的热情好客、邻里间的亲切关怀，更是让可勒深深感受到这座城市的温暖。走在胡同里，一句简单的“您吃了吗”，从大爷大妈口中说出，充满了浓浓的人情味。这看似平常的问候，却有着神奇的魔力，能瞬间拉近人与人之间的距离。每当听到这句话，可勒就会想起小时候邻居们互相分享自家做的美食，哪家有困难，大家都会主动帮忙。哪怕是陌生人之间，一个微笑、一次礼让，都能让他看到这座城市的善良与包容。

在可勒眼里，北京就是这样一座充满魅力的城市，它用独特的“京味”，吸引着每一个来到这里的人，让他们在这里找到归属感，不由自主地爱上这片土地。

六

可勒策划了《我爱这座城》这本书，对于这本书，他怀揣着远超常人的殷切期望。在他心中，文字就像拥有神秘魔法一般，有着独特而迷人的魅力。时间会匆匆流逝，世间万物会随着岁月腐朽，但文字不会。它能跨越千年万年的漫长时光，冲破时空的束缚，永远熠熠生辉。在可勒眼中，每一个字都仿佛是充满生命力的精灵，它们灵动地跳跃、巧妙地组合，幻化成一幅幅生动的画面，将北京城中发生的故事清晰地描绘出来。他满心期待着，借由这本书，让更多人了解北京，了解这座城里的人。

可勒的抱负远不止于此。他有着一个宏大的计划，打算围绕北京出版三本这样的书。在他的设想里，每一本书都像是一扇通往北京的独特窗口。书中精心挑选的人物，来自北京的各个阶层、各个行业，他们就像拼图的碎片，共同拼凑出北京的全貌。

那些在胡同里土生土长的老北京人，是北京历史的活化石。他们坐在四合院的门口，摇着蒲扇，讲述着祖祖辈辈流传下来的故事，那些故事里有老北京的风俗传统、趣闻轶事，每一个字都饱含着岁月的沧桑和温情。

怀揣梦想来北京打拼的年轻人，活跃在城市的各个角落。他们在高楼大厦间穿梭，在狭小的出租屋里奋斗，有成功的喜悦，也有失败的泪水。他们分享着奋斗路上的酸甜苦辣，让人们看到北京充满机遇与挑战的一面。

那些致力于传承北京传统文化的手艺人，他们坚守着古老的技艺，一针一线、一锤一斧，都倾注着他们对传统工艺的热爱和执着。他们展现着老北京的匠心独运，让古老的文化在现代社会中焕发出新的生机。

还有在北京的舞台上、镜头里，那些光彩照人的艺术家们，他们的每一次表演都是对艺术的虔诚致敬。他们用才华和热情点燃观众的心灵，他们都以自己的方式，讲述着北京的故事，传递着这座城市的精神内涵，成为北京文化天空中闪耀的星辰。

可勤坚信，这些人物的故事汇聚起来，能勾勒出一幅鲜活生动、丰富多彩的北京画卷，吸引更多读者走进北京的文化世界，感受它的魅力。

可勤常常感叹，北京就像是一座深藏着无尽宝藏的文化之城。这里的文化市场无比包容，如同一个巨大的熔炉，各种不同风格、不同类型的文化在这里碰撞、交融，绽放出绚丽的火花。

在北京从事文化产业，有着得天独厚的优势。就拿小剧场演出来说，80 块钱一张票，观众就能欣赏到精彩纷呈的演出。演员们在小小的舞台上尽情展现才华，剧情跌宕起伏，让人沉浸其中。这样的性价比，在其他城市很难寻觅到。而且，北京的很多文化活动都能得到国家的大力支持。无论是资金上的扶持，让文化项目得以顺利开展；还是政策上的鼓励，为文化产业的发展保驾护航，都为文化产业提供了肥沃的土壤。在这样优越的环境下，人们有更多机会接触到国内外优秀的文化作品。

走进博物馆，能欣赏到历史悠久的文物；踏入剧院，能观看世界经典的剧目；参加文化展览，能领略到不同文化的魅力。这些都让人们开阔了眼界，提升了文化素养。

七

岁月不饶人，随着年龄的增长，可勒也不可避免地遭遇了中年危机。曾经充满无限可能的未来，如今似乎被一层迷雾所笼罩，职业发展的瓶颈、身体机能的变化以及对生活意义的重新审视，这些问题如同沉重的巨石，也会压得他喘不过气来。在那些迷茫的日子里，他常常会陷入沉思，不知道自己的人生该何去何从。

但幸运的是，在这片前路模糊不清的迷雾中，即将出版的这本书，如同黑暗中的一束光，为他照亮了前行的路，让他看到了新的希望。他把自己对北京的热爱、对生活的理解都倾注在了这本书中。他为书中朋友们的故事而感动，也期待着这本书能成为自己人生的一个转折点，能看到新的局面。

因为书中朋友们的故事，可勒再次确信他的“味道相投”理论。

他常常觉得，人和人之间，就如同各种各样不同的香料，各自散发着独特的“味道”。当然，这里所说的“味道”，可不是单纯指鼻子能闻到的气味，而是一种内在气质、兴趣爱好、价值观等多方面因素融合在一起的独特体现。

在交朋友的时候，可勒发现，只有那些“味道”相投的人，才会相互吸引，彼此之间仿佛有一种无形的默契。他们无须过多的言语交流，一个眼神、一个不经意的动作，对方就能心领神会，相处起来轻松自在，这种情谊也会随着时间的推移越来越深厚。这种感觉很奇妙，难以用言语准确地形容，就好像找到了世界上的另一个自己。

同样的道理，选择生活的地方也是这个逻辑。可勒对北京这座城市的爱，已经深入骨髓。但他也清楚地知道，北京地域广阔，不同的区域都有着各自独特的氛围和鲜明的特色。在他看来，如果想要在北京生活得舒适惬意，就得找到和自己喜好完美契合的区域，以及志同道合的人。

就拿北京的不同区域来说，有人喜欢北城的繁华与大气，那里高楼林立，商业氛围浓厚，充满了现代都市的活力；而有人却钟情于南城的烟火气和深厚的历史底蕴，走在南城的胡同里，仿佛能听见岁月的低语，感受到老北京的独特魅力。还有人偏爱靠近公园、水系的地方，清晨可以伴着鸟鸣在公园散步，傍晚能欣赏着水边的落日余晖，享受大自然带来的宁静与美好；而有人则更倾向于住在医院、学校附近，图的就是生活便利，内心踏实。对于那些热爱艺术的人而言，靠近艺术场馆、文化街区的地方，无疑是他们梦寐以求的理想家园，随时随地都能沉浸在艺术的熏陶之中。

而可勒自己呢，对北京的二环情有独钟。每次走进二环，那充满历史韵味的胡同、古朴的四合院，还有邻里之间亲切的问候声，都让他仿佛回到了温暖的家。在这里，他找到了与自己“味道”最契合的生活环境。在他看来，只有找到了这样的地方，和那些志同道合的人生活在一起，生活才会充满乐趣，每一天才会过得充实而满足，就像一首优美的乐章，每一个音符都恰到好处。

八

正因为气味相投，人们邂逅了志同道合的伙伴，寻得了契合内心的一方天地，生活也因此被真正赋予了意义。是身边那些有着共同志趣、能够彼此理解的人，让所处之地充满了温度，从而令人们对其心生眷恋；又正是这些充满独特魅力与别样氛围的地方，滋养着人们的情感，使得人们越发深爱身边的人。

然而，生活的轨迹并非总是顺遂平坦，即便人们在热爱的土地上收获了满足与温暖，命运却常常会留下难以释怀的遗憾。那些错过的瞬间、未能兑现的承诺，如同隐匿在岁月深处的暗伤，在不经意间隐隐作痛，提醒着人们生活的无常。

去年6月26日，正投身于援疆工作的可勒，从遥远的墨玉给我打来电话。那时，我正窝在北京家中的书桌前写稿。电话接通，可勒的声音透过听筒传来，带着几分少见的郑重：“今天是个特别的日子。”那一天，既是可勒母亲的生日，也是梁志仁先生的忌日。

梁先生是“民革”东城二支部的主委，于可勒而言，既是良师，也是挚友，是可勒心中极为敬重之人。然而，有些事一旦错过，便成了心底永远的遗憾。

2007 年，梁老重病在身，即便如此，在出院期间还组织了活动。可那时的可勒，正处在人生最低谷的阶段，满心的愁绪让他对其他事都提不起半点心思，便没去参加。可勒在电话里跟梁老承诺：“下次，我一定去，我们下次见！”

谁能想到，这句看似平常的“下次见”，最终成了可勒心头永远无法抹去的遗憾。仅仅一个月后，梁老就永远地离开了这个世界。而那次通话，也成了他们之间最后的交流。

电话里，可勒的声音有一丝伤感，也带着坚定：“我将永远留在这座城中。”

我懂他，于可勒而言，这座城早已不是简单的钢筋水泥的堆砌，而是承载着无数回忆与情感的港湾。他爱这座城，更爱这座城里的人，那些给予他温暖、支持与力量的人。即便岁月更迭，时光流转，这份爱也会如同陈酿的美酒，越发醇厚。

随着年龄的增长，我们不得不面对身边亲人、老友的离去。可他们留下的那些记忆，却如同这座城里的古老建筑，虽然历经风雨，却依旧牢牢地刻在我们的心底。每到某个特殊的日子，尘封的记忆就如潮水般涌来，提醒着我们，那些曾经的温暖与遗憾。

此时的窗外，多云，城市的上空被灰暗笼罩，没有了往日的明亮色彩，空气里也弥漫着沉闷的气息。然而此刻，这座城在我心中，却无比沉重。它藏满了我们的过往，装满了我们的故事，那些欢笑与泪水、相聚与别离，都成了这座城独特的注脚。

这座城，它不仅仅是脚下的土地，是林立的高楼，更是我们情感的寄托，是我们生命旅程的一部分。它让我们在命运的无常中学会了珍惜，珍惜每一个当下，珍惜每一份还陪伴在身边的情谊。

来自可勒的留言：

完成别人的梦想，就是我的梦想。

我爱这座城！

后记 感恩，在这座城我们相遇

上大学那会儿，有一年暑假，我独自坐火车回家。火车中途停靠站点时，上来了一家三口，坐在我对面。小男孩七八岁的模样，他的父母消瘦、憔悴，脸上满是愁容。不用猜也知道，他们发愁的原因是——小男孩只有一条腿。

看到这一幕，我的心猛地一紧，脑海中不由自主地浮现出自己父母的身影。过了十几分钟，我鼓起勇气对他们说："阿姨，您别担心。"对面的三人都愣了一下。我接着说道："孩子还小，以后肯定没问题的，一切都会好起来。"听到这话，阿姨和叔叔脸上同时露出一丝微笑，先前的愁容也淡了许多。

他们跟我聊起小男孩刚遭遇车祸不久，说起孩子以前有多可爱，也道出了对孩子未来的担忧。我忍不住说道："我跟他情况一样，但你看，我现在不是好好的嘛，都快大学毕业了。"阿姨和叔叔眼睛一下子瞪大了，上下打量着我，还询问我安装假肢的事情。小男孩忽闪着眼睛问我：“穿假肢，会疼吗？”我停了一秒，说：“有点儿，但你肯定能忍住。”小男孩腼腆地笑了，他的父母看着他，眼睛里露出了一丝心疼。

后半段旅程，我们聊得很轻松，小男孩还跟我笑着开玩笑，他的父母也常常露出笑容。能让他们展露笑颜，真好。

这件事我一直记在心里，今年过年还和母亲提起过。后来，小男孩的爸爸告诉我，有人资助了他们，男孩儿和母亲一起去美国装了假肢。

生命充满了坎坷，有时候，苦难不是结局，而是故事的开始。

从初中到高中，整整六年，我都是坐着轮椅上下学。轮椅极大地限制了我的行动，每天早出晚归，为了减少麻烦，只有中午去一趟卫生间，一天我都不敢喝水。那时候，我感觉整个中学时光都是灰暗的，连穿的衣服也大多是灰色。

那些年，我不想引起任何人的注意。

说来有意思，那时候我最喜欢的课，居然是体育课。因为大家都去操场上体育课了，班里只有我一个人，我可以在教室里做自己喜欢的事。有时看看书、写写作业，有时就睡觉、发呆，根本不知道明天将会是什么样。

在那些灰暗的日子里，也有我的高光时刻。高二那年，我的文字第一次变成铅字，印在了书上。也是在高二，我迎来了初恋，对方是个特别优秀也特别好的人。

当时，我参加了一个全国作文比赛，拿了高中组一等奖。爸爸特别高兴，那次大赛的颁奖仪式在山东泰山脚下，暑假时，爸爸买好了车票，准备带我去领奖。可谁能想到，那个夏天洪水暴发，铁路出行受到影响，最终没能去成，我只收到了一座金色的奖杯和一本大赛获奖作品集。

那本该是个很好的起点，可后来我没有坚持写作，现在想起来，心里还是有些遗憾。

我顺利地考上了大学，但是入学很不顺利，因为身体原因学校不收。我不服，写了一封上访信，寄给了省长。我爸拉下脸来，跑到省长的办公室门口，坐了一个星期。终于，省长批了条子，我能上学了。所以，我比别人晚了一个多月才入学。

上了大学，我离开了家。大一时我拄了一年的拐杖，后来便能独立行走了，虽然走得不太好看，但我终于自由了。以前被爸妈照顾惯了，很多事都不会做，可离开父母后，慢慢地，很多事情自然而然就会了，我的生存能力和适应能力也变得越来越强。

大学闲暇时，我喜欢看闲书，看多了就很想动笔写点什么，不过大多是琐碎地记录。在宿舍里，我用初恋帮我做的折叠支架，支起一块大画板当作书桌。好多美术专业的同学都羡慕我的这个“创意书桌”，更羡慕我每次专业课所需要的画材，都是艺术学院的男朋友打包送过来的。在这张书桌前，我写了不少零零散散的东西。毕业前，我失恋了，我把大学时期的文字都锁了起来，到现在都没再打开过。

我挺幸运的，大二暑假就出去实习了。毕业前，我面试了一家当时很有名的公司，两轮测试都顺利通过了。工作定下来的那天，学校正在组织吃散伙饭，导员还问我为什么吃散伙饭还迟到，我说去面试了，明天就要去上班。

我 7 岁那年的车祸，差点儿拖垮了我们全家。我的父母都是中学老师，他们希望我也能安安稳稳地也当个老师，陪在他们身边，该有多好。但当时因为身体原因，没有师范院校愿意录取我，连面试这关都过不了。谁也没想到，当初拒绝我的大学，多年后邀请我去当老师。也没想到，有一天我居然敢一个人跑到北京闯荡。

还记得来北京的前一晚，那时哥哥大学毕业刚留校两年，我在他的教工宿舍里，我们面对面坐着。哥哥很少见地对我皱眉头："北京不好混，我好多同学都没混出个名堂就回来了。"我只是应了声："哦。"哥哥又说："北京太大了，很容易迷失方向。"我还是那句："哦，是吗。"过了一会儿，哥哥又安慰我："没事儿，混不好就回来呗。"

其实，当时我也没想太多，更顾不上想以后，一心就想往外跑。

2001 年夏天，我拎着一个皮箱，带着一副拐杖，一个人奔赴北京。哥哥的发小到北京站接到我，又帮我在首师大附近的胡同找了房子，那是我的第一个落脚点。在那间平房里我度过了一个多月。

房东是个 90 岁的爷爷，人已经驼背了，但还是很高，每天都搬着个马扎，到胡同口坐着。爷爷说："闺女，需要什么就说话，咱家都是老物件，但是什么都有。"我每次回来，在胡同看到他，他都会招呼说："回来啦。"那是我远离父母以后，感觉到的温暖瞬间。

一个多月后，我离开了那间平房。我考上了北京广播学院（现在的中国传媒大学）动画研修班，在那里学习了两年影视动画专业课程。过了一段时间，我回去胡同里看看。一进胡同就看到了爷爷，爷爷见我来看他，眼睛里闪出了泪花：“好久没见你了，都怪想你的。”我心里也有些感动，幸运遇见这样的爷爷。

刚到北京的头几年，我搬家很频繁。那时候年轻，对于搬家倒也不觉得麻烦，反而把每一次搬家都当作是深入了解北京的契机。清晰地记得，在短短三年内，我竟搬了 11 次家，北京城的东南西北，几乎都留下过我的足迹。

曾经，我住在南二环的陶然亭。每天上班，都得先坐公交到前门，再换乘另一趟公交，才能抵达位于北三环的北影厂。而这一路，必定会经过天安门。每次路过天安门的时候，一种强烈的真实感便会涌上心头——我，已真真切切地置身于北京这座城市之中。

我很幸运，动画专业让我在北京站稳了脚跟，这一路上遇到了很多对我有正向影响的人。

我清楚地记得，刚到北京不久，我跑去西单图书大厦，特意去了儿童图书区。在那里，我看到了令我触动的一幕：一大排展板上摆满了儿童图书，其中最显眼的位置，有一个系列的书，我都参与了创作。虽然署名是工作室的名字，但我还是特别开心。

起初在北京的日子，我根本不知道未来会怎样，就这么一天天坚持着，积累着，加入了几个国内优秀的团队，一步步走到现在。

在这期间，写作这件事被我搁置了。在水晶石工作的十年里，我写过很多报告、总结，也记录了不少值得纪念的事情，但都只是当作工作任务。那时候，和写作最沾边儿的事儿，也就是每次项目需要编写剧本。于我而言，写作一直是很神圣的存在，要是知道身边谁写作厉害，我心里便满是羡慕。

因为工作原因，我去过国内很多大学做过专业讲座。每次准备讲座材料，哪怕是讲同一个主题，我几乎都会修改细节，总觉得还能做得更好。工作原因，我还写了不少本专业书籍，那都是讲专业技术制作的，其实有些枯燥，看到自己的名字印在书上，也没有太多激动的感觉。

命运就像一只无形的手，推着我不断向前。我开始真正写作，是因为身份发生了转变。

有了孩子后，我没办法再像以前那样朝九晚五地工作。孩子7个月大的时候，我开始独立带娃。我发现，如果不给自己找点事做，真的会憋疯，于是就开始写东西。为了方便，我常常趁孩子睡觉的时候，用手机打字，那部手机里存了我写的50万字。

慢慢地，有人看到了我写的东西，开始找我写稿子，接着又有人找我做电影人采访，后来还有人找我做电影编剧，直到可勒找我写书。这样的职业转变，真的让我又惊又喜。

曾经我以为，有了孩子后，我的生活会就只剩下家庭，再也没有自我。因为孩子，我推掉了两家国内一流团队的工作邀请。我很无奈，心里也特别害怕。我担心再也融入不了社会，会失去竞争力，这辈子就到头了。

这期间我无意间发现，我在微信里发的语音，好像我的声音还行，不比那些播客的主播差，可以试着玩录音。我做动画出身，录音软件那些东西就很容易上手，录制的内容，我可以自己编写，就这样，我创立了自己的电台播客“童汐故事电台”。之后三年里我录了近300期节目，收获了一些听众，也倾听了一些听众的故事，他们当中有些人给我投稿，也有粉丝给我寄来推荐的书。后来因为太忙停更了一年，这两天，竟然又看到有人在节目下留言，问我为什么没有再录。

最近，我看到有人的留言让我动容：“我忘了是哪一年了，我在便利店做兼职的两个月里，因为我是夜班，很无聊很无聊，也没有人交流，从鬼故事到动漫看了很多，听了很多。偶然间，听到了童汐。那时凌晨，我躲在冷库里面给商品上水时，总会听着童汐讲的故事，或者在卖场摆放牛奶、甜品时，为了躲避监控，我会戴着耳机偷偷听，那是一段美好而又值得我怀念的时光。”

看到这些留言的瞬间，一股暖流涌上心头。我真切地意识到，做自己喜欢的事情是多么有意义，那些付出和坚持都没有白费。我想，我的电台不该就此停摆，不能辜负听众们的期待，我会找时间重新开启。

我喜欢写作，还好，这件事我没有停下。尤其，在写书的这个过程中，我结识了一些新的朋友，他们给了我新的动力。

一年前，可勒找到我说：“这本书我构想了十五年了，你愿不愿意来写？”我毫不犹豫地答应了，我们一拍即合，合作的过程也非常愉快。可勒说，现在的出版行情不太好，我们做这件事有点逆流而上的意思。可勒最打动我的一点，就是他始终坚信，这绝对是一件值得去做的事。

毕竟，热爱可抵岁月漫长，只要是自己真心喜欢的，又何必在乎外界的艰难呢？

写书的过程并不轻松，总觉得还可以再修改。不过好在，终于要截稿了，心里特别开心。

通过写这本书，我听到了朋友们的故事，被他们的经历深深打动。我也对老北京和旗人的文化有了更多了解，这当中还遇到了一件趣事。

有一次和老同事们聚会，大家很久没见，格外亲切。

亢争是我的老同事，他是镶蓝旗人后裔，身材魁梧，性格豪爽，很好面子，但特别有礼貌。我记得以前每次开会，他特别认真的样子，遇到事儿非得把理说透，轴起来不死不休，也会在我发烧的时候，热心地帮我去药店买药。

那次聚会，他笑着跟我们说："姐，您知道吗？我的媳妇儿是分配的。"我们都惊呆了，只听说过分配工作、分配房子，居然还有分配媳妇这事儿？一聊才知道，在北京，以前有一小部分旗人，为了保证血统纯正，他们的婚姻由家族长老安排。亢争的父母、表姐，还有他自己，都是这样。

亢争还笑着调侃："您没发现，我们旗人大多都是大脸盘子吗？据说就是因为血统。"仔细想想，好像还真是那么回事儿。不过现在，随着老一辈人逐渐离世，这些老规矩，年轻人们遵守得越来越少了。亢争说，北京人都特爱面子，遇到事儿不怕事儿，还特别爱讲理，就算是看热闹，也得帮着说句公道话。慢慢地，我对北京人和这座城市有了更深的认识。都说北京人有优越感，其实，也是因为他们有安全感，很大程度上是因为家就在这里。现在，我也有了同样的安全感。

像亢争这样从同事转化为好友的人，在我的生活中还有很多。他们给了我温暖和动力，这份情谊，我视若珍宝。

刚决定写这本书的时候，我和老朋友小欧联系过一次。小欧是湖南人，毕业于北京服装学院，曾经就职于央视。如今已是两个漂亮孩子的妈妈。从在北京上大学，到工作、成家，她在北京度过了二十多年。她和丈夫都曾是我的老同事，他们很早就在北京买了大房子，可无奈，受现实户口问题所困，为了孩子，她还是选择了去天津落户。一年前，她告别北京，搬去了天津。现在，平时她一个人在天津带着两个女儿生活，只有在周末，老公才能从北京回去陪她们。

一天晚上，我们在微信里聊天。她说："我一直一个人带孩子，其实在北京的时候也是这样。那时候虽然他住在家里，但一天到晚都看不见人影。早上他出门时，我们还没起来；他晚上到家时，我们已经睡了。我家娃说，我跟单亲妈妈没什么区别。"后面还跟着一个捂脸的表情。

我和小欧有着共同的经历，都从职场女性转变为宝妈，其中的艰辛，我们彼此都感同身受，十分理解和心疼对方。在她离开北京之前，每次我去大红门的宜家闲逛，都会约上她，因为她的家就在宜家附近。每次见面，我们都格外兴奋，那是难得的放松时刻。

我觉得她的故事也很有代表性。她在北京学习、工作、打拼二十多年，因为母亲的角色转变，放弃了很多，也承受了很多。每个全职妈妈都能从孩子身上获得无比的快乐，但不可否认，有些痛苦也是真实存在的。我时常在想，当她独自承担照顾家庭和养育孩子的重担、偏头疼发作难以入睡时，在北京那些年美好、轻松的回忆，会不会涌上心头，给她带来一丝慰藉呢？我想，一定会的。

写这本书的过程中，有太多温暖的瞬间。嘎嘎是我的第一个读者，她始终鼓励我，给我积极地反馈。可勒也常说："这本书，你一定要写得开心！"他会给我提建议，帮我打开思路，但绝不干扰我的写作。我也的确从中收获了很多快乐。书中的每一个人物，都是我们精心挑选的，他们在这座城市里努力着，坚持着，每个人的故事都深深触动着我。

书中这些朋友，有的是初次相识，有的让我有了更深入的了解。每个人都值得被记录，每个人都是这本书的主角。

还记得我第一次找嘎嘎，告诉她我写书的想法，想邀请她做第一个主角时，她有些为难地说："可我的生活太平淡了。"但我觉得，每个人的生活都有独特之处，都有值得被记录的故事。

写嘎嘎的稿子时，那些我们一起经历的事如在昨日，每个瞬间都无比珍贵。本想多找些朋友把他们的故事一一写进书里，无奈时间有限，这一本只能先到此为止。真希望《我爱这座城》能尽快有后续，我们可以接着写第二本、第三本。

二十多岁的时候，我拒绝了一份体制内的工作。爸爸苦口婆心地劝我，我却不为所动。最后，爸爸无奈地说："那你得做好准备，以后的路可不好走。"过了两年，我又拒绝了老家一所大学的入职邀请。哥哥特意跑到北京来开导我，我还是坚持自己的选择。哥哥无奈地说："等你想去的时候，人家说不定就不要你了。"

后来，再也没人劝我了。因为我在北京站稳了脚跟，家里人也不用再为我操心了。

只是，人生总有遗憾。

2 年前，父亲永远地离开了我们。疫情封城，他没能被及时抢救，短短一个半小时，人便溘然长逝。我甚至没能见他最后一面，这成了我心中永远的痛。

很多年前，父亲就知道我想做编剧、搞写作。他总是买各种书给我，还时常叮嘱我多学习。记忆里的他，一直特别爱看书、爱买书，也爱送朋友书，在书店一逛就是一整天。小时候，只要他有机会，就会带我出门，我从小跟着他，去了很多城市，每到一个地方必去书店。妈妈总说爸爸野，说我跟他一样。或许，我对外面世界的向往，正是受了父亲的影响。

可惜，我写的剧本拍成的电影，我写的书，他都无法看到了。

但我知道，在另一个世界，他一定能看到我的努力和坚持，知道我做到了，知道我在这里过得很好，一切都好。

这本书，是关于情谊、关于生命的抒写，是我们经历与过往的见证。它记录了这座城市里的人和事，也记录了我的成长、梦想与遗憾。

这座城市见证了我的蜕变：从初来乍到时的迷茫，到如今的坚定从容。它承载着我的喜怒哀乐，也承载着无数人的故事。

每座城市都有它的灵魂，北京于我，是梦想起航的地方，是成长蜕变的舞台，是心灵停靠的港湾。我爱这座城，不仅因为它的繁华，更因为它承载了我生命中最珍贵的回忆，和那些给予我力量的人。

感谢你能看到这本书，也感谢在这座城里与你相遇。愿你也能在这座城市里，找到属于自己的故事和温暖。

来自丁思的留言：

感恩，在这座城里，让我遇见了你。

2025 年 2 月 13 日于北京